THE ABC's OF LGBT+
性別是彩虹色的嗎?

39位多元性別者的認同歷程、112個LGBTQIA+關鍵字
探索性別光譜,認識性少數、性別多樣化,給青少年的最友善性別教育讀本

艾胥莉・馬岱爾 ASHLEY MARDELL ―― 著
李斯毅 ―― 譯　　楊幸真 ―― 審定

致謝辭

獻給我的家人

獻給葛芮絲

她超棒,是勇敢的王子。若不是她對我深具信心,我不知道能不能戰勝寫作過程中一直困擾我的自我懷疑和不確定感。

獻給艾略特

牠總愛賴在我的腿上,踩在我的鍵盤上,打翻我的咖啡杯,在我寫作時逗我開心。

獻給亞瑟

牠胖嘟嘟、毛茸茸的,很可愛。

目　錄

專家導讀　　　　　　　　　　　　　　　　　　　　　6
性別密碼：LGBTQIA+748　趙淑珠

導論　　　　　　　　　　　　　　　　　　　　　　　8
給所有想要了解性別與性別多樣化的人

性別關鍵字　　　　　　　　　　　　　　　　　　　20
從A到Z──LGBTQIA+詞彙指南

第一部 光譜　　　　　　　　　　　　　　　　　　30
光譜是探索性別認同的最佳工具
★ 查理：對我來說，性別是無垠的宇宙　　　　　　42

第二部 性別

2-1 認識性別　　　　　　　　　　　　　　　　　51
認識生理性別、社會性別究竟有什麼不同，了解性別不只有男或女，選擇適合自己的代名詞
★ 克勞蒂亞：每個人都有權利決定自己想要的樣子　　57
★ 凱：面對跨性別恐懼症　　　　　　　　　　　　　67
★ 羅文：別再因為性別而對孩子做出無意義的限制　　78
★ 萊利：表現出自己真心想要的模樣　　　　　　　　81
★ 艾傑：管他的，我要穿自己想穿的衣服　　　　　　82
★ 多麗：當我使用這個代名詞，就會覺得自己充滿力量　87

2.2 認同與專有名詞　　　　　　　　　　　　　　91
認識跨性別、非二元化性別、性別流動者、雌雄同體、無性別者、中性者等各種性別認同
★ 切斯：身為男性所背負的刻板印象　　　　　　　　93
★ 米洛：我如何面對性別焦慮　　　　　　　　　　　95
★ 萊恩：我以身為跨性別者為榮　　　　　　　　　　99
★ 艾克賽：我出生時是女孩，現在我是男孩　　　　104
★ 韋士柏：我找不到任何詞彙可向其他人表達我的性別　110
★ 凱畢：我一直在尋找能讓我感覺像自己的性別　　111
★ 卡蒂：在這個二元化性別取向的世界中尋找自我　113
★ 凱：我如何在南非挑戰二元化性別　　　　　　　115

★ 羅蘭：困惑多年之後，終於了解自己 — 117
★ 伊莎貝爾：創造更多種體驗性別的可能與方式 — 118
★ 凱伊：身為雌雄同體的我，一點也不孤單 — 121
★ 喬伊：她不是公主，也不是王子，但擁有最完整的自己 — 122
★ 錢德勒：終於全心全意的接受自己是無性別者 — 125
★ 凱特琳：曾經真心覺得自己是不是哪裡壞掉了 — 127
★ 珍妮佛：性別是非常個人且私密的事 — 128
★ 瑪莉詠：尋找適合自己的性別標籤 — 130

第三部 性傾向認同與情感傾向認同

3.1 什麼是性傾向與情感傾向？ — 133
認識吸引力是多元的，每個人對性和情感的感受力都不一樣
★ 埃斯特爾：無性戀者也會接吻嗎 — 135
★ 喬：曾經身陷沒有身分認同的地獄 — 141

3.2 認同與專有名詞 — 143
認識單一性別吸引力、多元性別吸引力與流動吸引力，以及常被誤解的雙性戀、無性戀、酷兒
★ 葛芮絲：如今我更能接受自己的性別認同 — 146
★ 亞雷娜：我是雙性戀、泛性戀或酷兒 — 150
★ 克莉絲蒂：找到適合我的性別詞彙 — 151
★ 琳希：異性戀的標籤讓我感覺格格不入 — 152
★ 莎嘉：希望他人是因為我的本質而喜歡我 — 154
★ 道格拉斯：我可以擁有很多標籤 — 156
★ 羅倫：我很害怕永遠無法搞清楚自己的性傾向 — 159
★ 艾蜜莉亞：身為無性戀，可能無法擁有像同儕一樣的生活 — 163
★ 約拿：我仍有一顆充滿其他形式之愛的心 — 164
★ 愛里：當我告訴媽媽，也許我是無性戀 — 166
★ 米勒：找到了可以描述我的詞彙，我不再感到孤獨 — 168
★ 凱：我的情感傾向一直是個謎 — 169
★ 喬許：性別與性傾向的複雜度比我想像中更微妙 — 176
★ 馬奎斯：我為什麼認定自己是「同性愛好者」 — 178

結論 — 181

延伸閱讀 — 184

索引 — 186

附錄　台灣相關資源連結 — 190

專家導讀

性別密碼：LGBTQIA+748

趙淑珠 教授
國立彰化師範大學輔導與諮商學系婚姻與家族治療碩士班

標題中的英文字母與數字對你而言有任何意義嗎？

如果你還認為世界上「不是男生就是女生」，本書就是你可以好好閱讀來擴展對於「性別」這個看似簡單其實卻內涵複雜的語詞。

「認同」──關於我是誰的議題，一直是一個人成長過程中非常重要且持續進行的議題，孩童及青少年成長過程中能產生正向且對成長有助益的認同，有賴環境中重要他人對他們的回饋與肯定。「我是好小孩嗎？我是異性戀嗎？我是男同志嗎？我是女同志嗎？我是跨性別嗎？我可以成為我自己，而你依然愛我嗎？」雖然是「我」的議題，我們卻一直在尋求他人的認可來確定自己這樣是「正常的」！

本書包含了作者自己的成長經驗以及另外三十九位LGBTQIA+的社群成員分享他們個人的故事，在故事中我們可以看到，很多時候對於自己特殊之處或與他人不同之處，經常會產生「我是不是不正常」的疑惑，直到我們看到書中、電影中、社群媒體裡的描繪或生活中的人物與我們自己的經驗類似時，方能有「啊！原來我不是唯一」的輕鬆感。這也是本書的出版以及類似書籍很重要的貢獻，我們需要讓經驗與主流不一樣的性別少數可以有更多機會看見有人跟自己一樣，讓成長過程中的認同雖然有冒險卻也充滿了能量！

本書中介紹了非常多性別認同的名詞及其內涵，對於以前從未接觸過的讀者可能會很衝擊與辛苦，但也可以活化大腦不再只有男與女兩個區塊，對於已經在性別的領域中有涉獵的讀者，也可以從文中所分享的個人經驗學到每個人身分認同的複雜性與交織性（intersectionality），亦即認同不是單向度的，每個人除了性傾向、性別認同外，還有族群認同、階級認同等等，這些向度共同交織了我是誰的面貌。比如，一位男同志且生活在台北市的漢人，可能跟同樣是男同志且生活在花蓮部落裡的原住民有著不同的認同經驗。

　　既然認同是多向度的，隨著時間與生活脈絡便有各種樣貌，因此作者也提醒讀者，雖然本書中列出了許多詞彙，但仍有可能讀者在閱讀過程中不想要被書中的詞彙或標籤所限，如作者所說：

　　一個人想要或不想要有性別標籤的理由有很多種，其中一些原因包括：

- 他們太過流動，無法專屬於一種性別標籤。
- 他們覺得現有的性別標籤都無法完全符合自己。
- 他們的身分尚未定型，不想匆匆忙忙定義一種性別標籤。
- 他們希望避免與特定標籤的污名和／或期望產生連結。
- 他們覺得不需要向社會大眾解釋自己是什麼樣的身分認同，畢竟身分認同是很私人的資訊。
- 社會習於替每個人分類，拒絕這個常態讓他們感到從中獲得解放。
- 最後，他們只是不想替自己貼標籤，就這麼簡單。他們不想，也不需要這麼做。

　　本文標題的密碼中，LGBTQIA+可以從本書中找到答案；而748指的是台灣在二〇一九年通過的「司法院釋字第七四八號解釋施行法」，該法保障了在台灣同志的婚姻平等權，但該法中有部分的限制對於跨國同志及同志領養仍有商榷之處。台灣雖然是亞洲第一個通過對於同志婚姻權利保障的國家，但該法的通過並不是平順的過程，二〇一八年的公投，台灣社會經歷了對於同志婚姻的誤解、辯論甚至謾罵，雖然前述的法案通過了，但至今，社會對於同志或LGBTQIA+的性別少數有更友善嗎？

　　俗諺中云「一樣米養百樣人」，希望讀者在閱讀後也願意一起為滋養百樣認同撐起彩虹的天空！

導 論
給所有想要了解性別與性別多樣化的人

這本書是誰寫的？

你好，開始深入研究有趣的性別議題（例如：這本貌似目錄集的怪書到底涵蓋哪些內容，以及你為什麼應該知悉這些內容）之前，我想先花一點時間說明啟發我寫這本書的原因，以及感謝幫助我實現這項計畫的人們。

十三年前，我用毯子罩住全身，獨坐在床腳邊，手裡拿著筆和手電筒，眼睛盯著我的日記本。盯了好久之後，我終於鼓起勇氣，以顫抖的字跡試著寫出我人生中第一次出櫃的念頭：「可能吧，我還不太確定，但有時候……我可能有一點點喜歡女生。」

很可愛，對不對？當時我才十一歲，有點尷尬，有點害羞，而且害怕自己的祕密被知道。因此，我又在櫃子裡躲了七年，用盡辦法壓抑自己的少女情懷。

我的名字是艾胥莉・馬岱爾，有些人可能透過我的Youtube頻道認識了我。除了一些愚蠢的惡作劇之外，我的頻道也常提到一些重要的議題，尤其是與LGBTQIA+能見度及教育有關的題材。我非常喜歡鑽研LGBTQIA+世界裡許多遭到誤解和代表性不足的身分認同，可能是因為我本身就具有幾種邊緣化且遭人誤解的身分。

上了大學之後，我才終於積累足夠的自我認同，敢在日記本以外的地方出櫃。我等了差不多一年的時間，才在我和大學死黨們（包括我當時認真交往的男友）準備各自歡度暑假前，告訴他們其實我……

這麼做對我來說非常困難。雖然有一部分的我迫切希望好友明白我百分之百不是異性戀，但另一部分的我卻設法避免使用像「酷兒」、「同性戀」或「雙性戀」之類的字眼。這些的詞彙讓我感覺不自在又充滿限制，而且，坦白說，我感到十分害怕。

我還沒有準備好要面對隨著這些詞彙而來的刻板印象與污名，也不希望成為這些社群的一分子[1]。

---

1. 這可以說是「內化的恐同症」，真糟糕！

然後，我在網際網路上發現了LGBTQIA+的世界，一切因此改變。一開始，我先看到一些在Youtube上的「出櫃」影片，當時我的生活中並沒有很多LGBTQIA+的資訊可供我學習，所以我讓一些網路上的人物填補這片空白。那是一段很有趣的經歷，我第一次因為別人的性傾向而與他們產生深刻的連結。終於，我明白成為LGBTQIA+一分子的好處：它可以讓那些不同於常態的人覺得自己被理解和被接受。了解這一點之後，我以前那些不安的疏離感和微妙的孤立感，如今都得到舒緩，並且因為未來充滿可能性和歸屬感而興奮不已。

除了讓我耳目一新的自身相關性，我還發現這些人非常有同情心，他們非常關心及支持別人。他們不僅深刻了解自己，而且對別人的身分認同有一種美好的同理心和好奇心，這對我來說具有莫大的鼓舞。

我想加入這個充滿愛心且思想開明的人際網絡，而且我對LGBTQIA+這個主題的興趣迅速攀升。不久之後，我已經開始大量閱覽相關書籍、部落格、紀錄片，數位媒體以及任何我能接觸到的奇怪媒介。我以前從來不知道LGBTQIA+有這麼多免費教育資源，只要在搜尋欄位中輸入幾個關鍵字，就可以連上這些資訊。這些豐富的新知識改變了我，我不再是以前那個遲疑、缺乏安全感、對性別標籤感到害羞的艾胥莉。我覺得自己被賦予了力量與自信，而且樂於將這些標籤運用在自己身上！

過了五年，我養了兩隻貓，有一位未婚妻，還剪了超級短的短髮。我可以告訴你：到今天我仍然懷著和當時同樣的心情，而且，坦白說，我不確定有沒有遇過比我自己更熱中於研究性別標籤和

相關用語的人。事實上，如果要我用最精確的方式描述自己的身分認同，我可能會說：「我是艾胥莉，我是非常流動的酷兒。我喜歡交替使用雙性戀、泛性戀和多性戀等性別認同語彙。在情感傾向方面，我是半雙性偏同，我的性別則是疑性，但主要介於女性和無性之間。我目前嘗試使用的詞彙是非二元化性別、性別中立、雙性、半女、性別流動、性別酷兒和性別波動。此外，我比較喜歡單一伴侶關係。」哇！完全搞不懂我在說什麼嗎？不用擔心，你很快就會懂了！

除了靠自己思考和研究之外，我很慶幸有一群知識淵博的專家在背後幫助我。他們對這本書裡涵蓋的所有資訊都進行過事實確認、編輯與審定。這支神奇隊伍中的部分成員包括：

- **跨性別學生教育資源組織（Trans Student Educational Resources），簡稱TSER**[2]：TSER是一個青年組織，透過宣導與賦權，致力為跨性別及性別不符常規的學生改變教育環境。本書受到TSER的編輯愛里・艾爾利克（Eli Erlick）[3]的幫忙，愛里是跨性別女性酷兒、社會運動者以及TSER的主管，她的工作與寫作內容聚焦在跨性別和酷兒組織、青少年、教育、身分認同、媒體和病理學。

- **性別光譜基金會**[4]：每一個孩童和青少年都受到性別所允許及認可的狹隘定義所影響，因此性別光譜基金會致力於了解與年輕人和性別相關的議題，以便為所有的孩童及青少年創造出更具包容力的空間。本書的編輯之一莉莎・肯尼正是性別光譜基金會的執行董事。

- **《性別書》**[5]：這本書是非常棒的性別資源，已榮獲「獨立出版商圖書獎」與多項補助金，並且入選二〇一五年的彩虹書單。我們的編輯之一梅兒・萊夫，是《性別書》的插畫家。梅兒住在德州期間，與朋友們一同創作了色彩豐富、圖文並茂的《性別101》。

- **每個人都是同性戀基金會**[6]：透過三管齊下的做法改善LGBTQIA+年輕人的生活：提供誠實（通常以幽默的方式）的建議，無論是出櫃、交往關係或

---

2. TSER網站：http://www.transstudent.org
3. 愛里的個人網站：http://www.elierlick.com
4. 性別光譜基金會（Gender Spectrum）網站：http://genderspectrum.org
5. 《性別書》（*The Gender Book*）網站：http://thegenderbook.com
6. 每個人都是同性戀基金會（Everyone Is Gay）網站：http://www.everyoneisgay.com

身分認同的問題；與全國各地的學生進行交流，努力創造出充滿愛和同情心的校園環境；與LGBTQIA+的家人合作，以促進持續性的對話和更加深入的了解。本書編輯之一克莉絲汀・羅素，是該組織的執行長兼總編輯。

當然，如果沒有一些部落客的幫忙，我們怎麼可能做得出一本與多元身分認同有關的導覽書？就我個人的看法，我認為網路上的部落格是族群裡最清楚也最明顯的聲音，它們是數百種身分認同的發源地，也是不斷努力質疑、調整並改善相關用語的社群，以便讓這些專有名詞能夠更加包容，也讓每個人覺得更舒適。基於這些理由，我邀請好幾位我最欣賞的網路作家來檢閱這本書的內容。以下請容我介紹：

- **QueerAsCat的韋士柏**[7]：黑人、酷兒、非二元化性別者、無性戀的影像部落客和網路部落客，在Tumblr和Youtube上的名稱是Queer As Cat。韋士柏致力於提升人們對性、性別和種族的多元交織性意識，並提高像他這類具有多元交織性特質之人的能見度和代表性。

- **GayWrites的卡蜜兒**[8]：卡蜜兒是一位酷兒作家、網路部落客及影像部落客，在Tumblr和Youtube上的名稱是GayWrites。她對性別議題非常有熱情，尤其關注雙性戀社群、倡導包容性的媒體和新聞，以及政治上的LGBTQIA+議題。她住在紐約。

- **Intersexperiences的艾蜜莉**[9]：艾蜜莉是一位藝術家和動畫師，她在MTV以雙性人身分出櫃之前，曾經在動畫節目《探險活寶》工作。現在她是全職的社會運動者，致力提升大家對雙性人問題的認知。

- **萊利**[10]：萊利是一位內容創作者、公眾演說家、作家和社會運動者，負責管理一個Youtube的半教育性節目，探討女權主義、酷兒以及多項議題。她是非二元化性別者、跨女性女同性戀者，也是一個書呆子，喜歡哈利波特和寶可夢。

---

7. 韋士柏（Vesper）的個人網站：http://www.queerascat.tumblr.com
8. 卡蜜兒（Camille Beredjick）的個人網站：http://gaywrites.org
9. 艾蜜莉（Emily Quinn）的個人網站：http://emilord.com
10. 萊利（Riley J. Dennis）的Youtube頻道：http://www.youtube.com/c/RileyJayDennis

- **皮金**[11]：皮金是來自芝加哥的拉丁混血兒、酷兒、性別流動者、雙性人及社會運動者，熱中為雙性人創造解放的空間，尤其非白人的雙性人。你可以在線上雜誌《日常女權主義》（*Everyday Feminism*）上讀到皮金的文章，也可以在皮金的Twitter和Facebook上找到更多相關資訊。

- **Neutrois Nonsense米卡**[12]：米卡是跨性別認同議題的作家、推廣者與教育者，他的網站提供非二元化性別社群最豐富的資源。米卡會舉辦以餅乾為譬喻的幽默教學研討會，也會盡力與記者溝通，並自願前往在地的學校發表演說，是一名尚未出櫃的理想主義者。米卡的使命是為每個人的性別體驗提供積極的貢獻。

除了以上諸多貢獻心力者之外，這本書裡還有大約四十位LGBTQIA+社群成員分享個人故事。我很感謝他們慷慨貢獻自己的時間與精力，支持這項計畫。另外，我還要謝謝非常有才華的跨性別藝術家歐格斯特‧奧斯特羅為這本書繪製精美的插圖[13]。

最後還有一件重要的事，希望你能明白：這本書真的是一項由群體通力合作才能完成的浩大工程。

這本書裡所有的資訊都經過專業組織、LGBTQIA+線上社群以及我自己的嚴格審閱，編輯群包括同性戀者、雙性戀者、無性戀者、無情感傾向者、酷兒、跨性別者、雙性人、非二元化性別者及有色人種，個人故事提供者的背景則更為多樣化！參與合作者的年齡範圍相當廣，從十幾歲到三十多歲都有。我希望這些人不同的觀點經過融合

嗨，我是歐格斯特！

* 跨性別者
* 高個子
* 書蟲一隻
* 喜歡藝術
* 盡力幫助別人

---

11. 皮金（Pidgeon）的個人網站：http://www.pidgeonism.name
12. 米卡（Micah）的個人網站：http://neutrois.me
13. 歐格斯特(August Osterloh)的個人網站：http://bit.ly/2cti1Dv

之後，可以創造出一種面面俱到、極為詳盡的LGBTQIA+資源，你在別的地方都找不到[14]。

本書關於什麼？

這本書的使命其實很簡單：它的目標是成為各種LGBTQIA+身分認同與專有名詞的詳細指南，尤其強調那些被人誤解以及能見度不足的身分認同與專有名詞。本書承認大部分的身分認同和專有名詞都有許多種解釋，而且也盡量涵蓋各種解釋。除了深入定義之外，許多身分認同和專有名詞還會搭配有用的資訊圖表與線上影片網址，以及真實人物[15]的親身經歷。

本書為什麼重要？

LGBTQIA+的代表性嚴重失衡，雖然一般大眾可能對男同性戀者和女同性戀者這一類比較常見的LGBTQIA+身分有基本了解，但如果請一名路人解釋更特別的身分，例如「特異獨行者」或「性別波動者」，對方可能會一臉茫然。

今日的媒體非常缺乏性與性別多樣性的相關知識，它們通常只會以刻板、老套的方式描述LGBTQIA+族群，以陳腔濫調將我們塑造成單一的面向，這不僅不正確，而且對我們有很大的傷害，像是下列的觀念：

- 性傾向代表了一切（例如：他是同性戀，只需要知道這一點就好）。

- 從某人的性傾向，就可以預期這個人的特定行為與審美觀（例如：男同性戀者都很陰柔，女同性戀者都很粗獷，雙性戀者都很淫亂。就是這樣）。

---

14. 儘管如此，最後還是由我來決定哪些概念要放進這本書裡，以及如何解釋這些概念。而且，你應該不難理解，並非每一位編輯都對書裡的各項資訊具有共識。因此，倘若你對於這本書的內容有任何意見，第一個應該負責的人是我，而非其他編輯或參與者。

15. 如果你想要多了解這些人以及／或者他們的身分認同，這些人都有很棒的部落格或Youtube頻道可供瀏覽參考！

- 根據某人的性別認同,就可以預期這個人的特定行為與審美觀(例如:很顯然的,跨性別女性都很女性化,跨性別男性都很男性化,性別中立的人都是雌雄同體)。

於是,不符合這些刻板印象的LGBTQIA+,可能會覺得自己的身分認同不夠正確。我聽過非常多青少年分享他們的故事,他們之所以心存困惑、不敢出櫃,是因為他們覺得自己「看起來」或「聽起來」不像「典型」的LGBTQIA+。他們不相信自己「被允許」成為同性戀者,並擔心LGBTQIA+社群會拒絕他們。更嚴重的問題是,如果大家看見的都只是刻板印象的描述,盟友或不熟悉LGBTQIA+社群的人就沒有機會看見其他有趣又不同的我們,這種傷害性的刻板印象就可能會變得更加根深柢固。

根據我的個人經驗,我可以告訴你:如果你想要在電視上或文學作品中尋找有趣的LGBTQIA+角色,結果只會讓你感到非常沮喪,因為你只能找到以下這些:

- 只關心逛街購物的「男同性戀閨密」[16]。

- 肥胖又粗魯的女同性戀,而且總是穿著法蘭絨襯衫[17]。

- 對另一半不忠的雙性戀者,總是說自己的欲望只不過是大學時期懵懂的嘗試。

- 被同儕孤立和排斥的跨性別者。

- 令人不舒服的變裝皇后,只能以搞笑的形象存在。

- 受傷的酷兒英雄,在否定自己之後又憑自己的力量勇敢走出來。

---

16. 要特別說明的是,符合刻板印象並非壞事。以上述的形容為例——他們有很棒的笑容與很讚的髮型,我超想和他們交朋友!然而令人洩氣的是,我們在媒體上經常只看見這類型的LGBTQIA+形象設定。

17. 但我們必須承認——法蘭絨襯衫很好看。

事實上，LGBTQIA+以無限多種方式存在。我非常期待將來有一天能在主流媒體上看見更真實、更複雜而且更有自主權的LGBTQIA+角色。

這些角色也許是：

- 一位無性光譜上的同性戀科學家。
- 一位虔誠的雙性戀基督徒。
- 一位擁有多重伴侶關係的跨性別者，被選為高中的舞會之王。
- 一位非二元化性別的健美運動員喜歡變裝，而且認真看待變裝這件事。
- 一位具有時尚知識的女同性戀者，幫助疑性戀友人探索性別不符常規的穿著打扮。
- 一位深受歡迎的混血雙性人部落客，花費多年的時間與心力，終於與父親建立起互愛互敬的關係。

不幸的是，我擔心我們還有很長的路要走，才能有機會在主流媒體上看見這樣的角色呈現。因此，為了試著打擊消抹，並增加大眾的知識，希望本書為總是受到忽略和遺忘的身分認同提升能見度與發聲的音量。

本書為誰而寫？

這本書適合任何有興趣了解性別和性別多樣化的人。話雖如此，我在撰寫時其實心裡想著兩種目標讀者：

第一種，任何正在「尋找自己的性別認同」的人。缺乏足夠的資源或教育，很容易導致對於身分認同多樣化的無知。一個人的性別認同可能太過複雜而不符合任何主流的性別標籤。在不知道如何闡述自己身分認同的情況下，可

能會讓人感到孤立和沮喪。在適當的運用下，語言能夠認可人們的性別身分，並且賦予其社群歸屬感[18]。

第二種，這本書還適合盟友和希望獲得更多LGBTQIA+身分知識的人閱讀！畢竟「知識」是「接受」的關鍵。了解新的身分認同可以拓寬我們對人性的理解、提升我們的同理心，並使我們能夠從有價值的不同角度觀看這個世界。除此之外，這些詞彙在描述情感或情欲吸引力，以及身分認同時，能提供更精準的描述。再說，擁有效益大且涵蓋廣泛的詞彙多多益善！

如何運用這本書？

雖然這本書裡有滿滿的性別標籤（希望可以幫助人們認可自己的身分，並因此找到歸屬的社群），但請記得它只是描述性的參考資料，並不具有規範性，也不打算硬把這些性別標籤貼在任何人身上，因此不可以在未經他人同意的情況下，對他人使用這些標籤。這本書不是用來強迫人們規範身分認同的武器，也無意將人們限制在特定的小框框裡，而是將重要的關鍵字完整收錄，提供有興趣了解各種身分認同的人參閱。

---

18. 韋士柏的故事是一個很好的例子，詳情請參閱第110頁。

更重要的是，我們應該明白，並非每個人都對各種身分認同以其定義具有共識（沒有關係）！幾乎每個身分認同都有超過一種（或兩種、三種、四種，甚至二十種）解釋，這本書只提供其中一些常見的觀點。

此外，值得注意的是，許多身分認同標籤的公眾意見會隨時間而變化。例如，「跨性別者」這個詞彙直到一九六〇年代才出現在我們的語言中，在此之前，經常被稱為是「變性皇后」或「變性人」，但現在許多人認為這些詞彙是很不禮貌的[19]。我們對這方面的理解以及所使用的語言會不斷改變，這是很棒的！因為這表示人們一直在持續學習與分析！

話雖如此，如果你在這本書裡找到某個詞彙，讓你想要開心的宣稱自己就是這種身分認同，這樣很棒！但如果沒有也沒關係。一個人想要或不想要有性別標籤的理由有很多種，其中一些原因包括：

- 他們太過流動，無法專屬於一種性別標籤。
- 他們覺得現有的性別標籤都無法完全符合自己。
- 他們的身分尚未定型，不想匆匆忙忙定義一種性別標籤。
- 他們希望避免與特定標籤的污名和／或期望產生連結。
- 他們覺得不需要向社會大眾解釋自己是什麼樣的身分認同，畢竟身分認同是很私人的資訊。
- 社會習於替每個人分類，拒絕這個常態讓他們感到從中獲得解放。

我就是我，我不想要有任何性別標籤來描述我這個人

---

[19]. 不過，仍有一些人把這類詞彙當成自己的身分認同。如果他們覺得自在，那就完全沒有問題！

- 最後,他們只是不想替自己貼標籤,就這麼簡單。不想,也不需要這麼做。

一個人要不要使用性別標籤,完全是個人的、有意義的決定,應該受到尊重。

聲明

　　繼續向下閱讀之前,請容我提醒:推動這項計畫並不容易,而且身分認同相當複雜。閱讀這本書的過程中,若是發現我與編輯們犯了任何錯誤,歡迎將批評意見傳至ashleymardellbook.tumblr.com。我會努力整理這些意見,並且為那些有興趣學習更多相關知識的人提供一個良好的線上平台。現在,就讓我們一起踏上學習旅程吧![20]

---

20. 為了適合中文讀者的閱讀習慣,本書微調了原文的編排方式,更動〈性別關鍵字〉與〈導論〉之順序。

性別關鍵字[21]

從A到Z──LGBTQIA+詞彙指南

　　以下幾頁是討論到性別認同關鍵字的濃縮精華版。我希望將本書涵蓋的大部分資訊都整理在這裡，以利讀者查詢。每個專有名詞都附有簡短[22]的定義，而且其中許多關鍵字都可以在索引查到。如果你想要了解任何一個關鍵字或身分認同的相關資訊，可隨時查閱書末的索引，然後翻到討論該詞彙的頁面。

　　如果你是想要認識這個領域的新手，可以考慮在繼續往下閱讀前，先將以下關鍵字預習一遍。我們稍後將深入探討更詳細的定義，許多詞彙會馬上出現在後續的內文中，如果你對它們先有基本了解，至少會有一些幫助。如果你已經是LGBTQIA+用語的專家，還是可能會在這本書裡讀到你不熟悉定義的詞彙。倘若發生這種情況，敬請回過頭來翻閱！

變化性戀者／變化情感傾向者（Abrosexual／Abroromantic）：性傾向／情感傾向會流動和／或改變之人。

無性戀（Ace）：無性戀光譜上任何一種身分認同的概括性用語，為「無性戀者」（asexual）的簡稱。

性傾向波動者／情感傾向波動者（Aceflux／Aroflux）：情欲或情感傾向會有不同程度變化之人。

肯定（Affirm）：支持、承認和／或堅持某些事物是真實的／正確的。

無性別者／沒有性別之人（Agender／Genderless）：沒有性別、性別中立和／或拒絕適用性別概念之人。

---

21. 本單元的靈感來自於我的母親，她在本書編輯過程中提供了很大的幫助。身為一位二元化性別的異性戀女士，她覺得第一次閱讀時有點吃力，因此認為如果先提供一堂「LGBTQIA+詞彙入門課」，可能會讓讀者方便閱讀，對於新手來說也比較容易消化。
22. 真的非常簡短。想更了解這些關鍵字的完整解釋，請參閱本書後面各章節。

盟友（Ally）：不屬於LGBTQIA+族群，但積極給予支持之人。

具有男女兩性之人（Androgyne）：一種非二元化性別，意指一個人既是男性也是女性、既非男性也非女性，以及／或者介於男性和女性之間。

雌雄同體戀者／雌雄同體情感傾向者（Androgynesexual／Androgyneromantic）：被雌雄同體者吸引之人。

雌雄同體（Androgynous）：同時擁有傳統的陽剛和陰柔特質，或既沒有陽剛也沒有陰柔特質，以及／或者介於陽剛和陰柔特質之間。

非男非女（Aporagender）：這既是一種特定的性別認同，也是一個概括性用語，意指非二元化性別，既不是男性也不是女性，亦非兩性之間的任何其他性別，但仍具有非常強烈且特定的性別感受。

文化剽竊（Appropriation）：借用或採用某種與自身根源或文化無關的事物，並當成是自己的。這裡是指在沒有適當的理解、原因和／或許可的情況下加以使用（例如：印地安人的羽毛頭飾，被白人當成萬聖節的裝扮）。

無情感（Aro）：無情感光譜上任一種身分認同的概括性用語，亦是「無情感傾向者」（aromantic）的簡稱。

無情感傾向者（Aromantic）：指稱很少或者不會感受到情感吸引力之人的概括性用語或身分認同。

無性戀者（Asexual）：指稱很少或者不會感受到情慾吸引力之人的概括性用語或身分認同。

自性戀者／自情感傾向者（Autosexual／Autoromantic）：能夠靠自己誘發性吸引力／情感，以及／或者不想與他人發生性行為，喜歡靠自己尋求性慰藉之人。

好奇型雙性戀者（Bi-curious）：出於好奇，對一種以上的性別萌生性吸引力／情感，以及／或者與一種以上的性別發生性體驗／情感體驗。

雙性者（Bigender）：具有／經歷兩種性別之人。

二元化性別（Binary）：社會以僵化的方式將性和性別分為兩類：1）男人／男性和2）女人／女性。

雙性戀者／雙性別情感傾向者（Bisexual／Biromantic）：被兩種或兩種以上性別所吸引之人。

出生時被強制指定為女性／出生時被強制指定為男性（CAFAB／CAMAB）：為「coercively assigned female at birth」和「coercively assigned male at birth」的縮寫。

順性別者（Cisgender／Cis）：性別認同與其出生時的生理性別和／或社會性別相同之人。

混淆（Conflate）：混同、交融、連結或合併兩種獨立的事物／想法。

社群（Community）：本書提到「社群」一詞時，是指一群LGBTQIA+之人和組織，以及他們的支持者。他們透過共同的身分認同、文化和／或社會目標而團結在一起。

半性別（Demigender）：與一種或多種性別具有部分連結／體驗之人。

半性戀者／半情感傾向者（Demisexual／Demiromantic）：只喜歡與自己有強烈情感連結之人。

出生時被指定為女性（DFAB／AFAB／FAAB）：「designated female at birth」、「assigned female at birth」和「female assigned at birth」的縮寫。

刻意彈性（Diamoric）：就身分認同而言，非二元化性別者可以稱自己是刻意彈性，以強調自己的非二元化性別認同，以及他們被其他非二元化性別者吸引／與其他非二元化性別者的關係。就關係而言，刻意彈性的情感關係或情慾吸引力是指至少包括一位非二元化性別者參與其中的關係。

出生時被指定為男性（DMAB／AMAB／MAAB）：「designated male at birth」、「assigned male at birth」和「male assigned at birth」的縮寫。

非二元化性別者（Enby）：這是「a non-binary」的俚語。

消抹（Erasure）：身分認同不具代表性、不受重視，或其存在不受到承認。

從女性變女性者（Female to Female/FTF）：出生時的生理性別和／或社會性別被指定為男性，但拒絕承認其性別為男性之人。

流動（Fluid）：不固定，能夠恣意變化。

─靈活（-flexible）：這個後綴詞意指某人主要受到某種性別吸引，但允許並承認例外情況的發生（例如：雙性偏異、雙性偏同等）。

─波動（-flux）：在性傾向方面，這個後綴詞是指某人受幾種性別吸引的次數及強度之波動變化（例如：雙性戀波動、三性戀波動、多性戀波動等）。

從女性變男性者（FTM）：「female to male」的縮寫。

同性戀（Gay）：這個標籤可以特別專指「喜歡男人」，也可以指「主要喜歡相同或相似性別之人」，或者是指稱「任何非異性戀者」的概括性用語。

社會性別（Gender）：指稱個人性別時，性別是指男性、女性、雙性、非雙性、介於男女兩性之間，或者是與男女兩性完全不同的性別。在指稱社會體系時，性別是一種根據社會對男女兩性之觀點所建立的分類系統。

性別混亂者（Gender confusion/Gender f*ck）：故意讓自己的性別產生混亂，或者在性別發生混亂時樂在其中的人。

性別焦慮（Gender dysphoria）：因為自己的性別與出生時被指定的生理性別和／或社會性別不符而苦惱或不快樂。

性別陶醉（Gender euphoria）：因為自己的性別得到確認而產生的極度快樂或舒適感。

性別氣質（Gender expression）：自我性別的外在表現。

性別認同（Gender identity）：用來傳達個人性別如何定位於社會性別系統內外，以及／或者希望如何被他人認知的識別詞彙。

性別冷淡（Gender indifference）：對自己的性別／性別氣質漠不關心。

性別中立（Gender neutral）：具有中立的性別。

性別不符常規／性別多樣化／性別變異／性別延展（Gendernonconforming／Gender diverse／Gender variant／Gender expensive）：用來指稱認為自己不同於社會二元化性別規範，以及／或者以不同於社會二元化性別規範來表達自我之人的概括性用語和識別詞彙。

性別角色（Gender roles）：社會規範允許或期待男女兩性應該有的角色、地位、行為和／或責任。

性別流動者（Genderfluid）：性別認同會變動的人。

性別波動者（Genderflux）：性別認同會強烈變化（波動）之人。

性別酷兒（Genderqueer）：存在於社會二元化性別概念之外或超越社會二元化性別概念之人。

灰性戀者／灰色情感傾向者（Graysexual／Grayromantic）：很少感受到吸引力的人；鮮少或只有在特定條件下感受到吸引力的人；以及／或者不確定自己是否感受過吸引力的人。

灰色性別（Graygender）：對性別感受薄弱和／或不在乎自身性別認同／性別氣質之身分認同。

異性戀／異性情感傾向者(Heterosexual／Heteroromantic, a.k.a. Straight)：被二元化性別中的異性所吸引之人。

同性戀／同性情感傾向者（Homosexual／Homoromantic）：被與自身相同或相似性別吸引之人。

出生時被指定為女性／男性的雙性人，亦被稱為出生時被強迫指定為女性／男性之人（IAFAB／IAMAB, a.k.a. FAFAB／FAMAB）：「intersex assigned female／male at birth」和「forcibly assigned female／male at birth」的縮寫。

認同（ID）：「identify」的縮寫。

雙性別（Intergender）：認為自己是二元化性別中間或二元化性別混合體之人。

內化（Internalization）：行為／態度在有意識或無意識中學習／同化的過程。

多元交織性／交叉性（Intersectionaltiy）：某人或某群體的社會認同／角色之多元組合（例如性別、種族、社會經濟地位等）及相互作用下，塑造出其對世界之體驗的各種方式。

雙性人（Intersex）：生理構造未完全符合社會對男性或女性典型定義之人。

女同性戀（Lesbian）：喜歡女生的女生（以及喜歡較女性化的二元化性別者和性別酷兒）。

LGBTQIA+：意指女同性戀者（lesbian）、男同性戀者（gay）、雙性戀者（bisexual）、跨性人（transgender）、酷兒／疑性戀者（queer／questioning）、雙性人（intersex）、無性戀者（asexual／aromantic），加號是指其他性少數者。

從男性變男性者（Male to Male／MTM）：出生時的生理性別／社會性別被指定為女性，但拒絕承認其性別為女性之人。

男性（Man）：認為自己是男性之人。

男性傾向／男性情感傾向（Masexuality／Maromanticism, a.k.a. Androsexuality／Androromanticism）：被男性和／或陽剛特質吸引。

特異獨行者（Maverique）：性別完全獨立於二元化性別（男女兩性）以外之人。

極大性別者（Maxigender）：經歷多種性別之人，有時包括其能經歷的所有性別。

單性傾向／單性別情感傾向（Monosexuality／Monoromanticism）：被單一性別吸引。

從男性變女性者（MTF）：「male to female」的縮寫。

多元性別者（Multigender／Polygender）：具有／經歷一種以上性別之人。

多性傾向／多性別情感傾向，亦稱為非單一性傾向（Multisexuality／Multiromanticism, a.k.a. Non-monosexuality）：被一種以上的性別吸引。

中性者（Neutrois）：性別為中性或沒有性別之人。

非男性戀者／非男性情感傾向者（Nomasexual／Nomaromantic）：被不是男性的任何人吸引之人。

非二元化性別（Non-binary／nb）：存在於或認同二元化性／性別之外，既不是男性也不是女性，或者只是部分男性或部分女性，或者是男性和女性之組合。

正常化（Normalize）：使某些事物變成社會認為一般或自然的狀態。

規範（Norms）：社會認定為典型或標準之行為，並對其產生特定之預期。

新性戀者／新情感傾向者（Novosexual／Novoromantic）：情慾會隨自身經歷的性別而轉變之人。

非女性戀者／非女性情感傾向者（Nowomasexual／Nowomaromantic）：喜歡除了女性之外的任何性別之人。

泛性別／全性別（Pangender／Omnigender）：經歷許多種性別之人，有時候甚至會經歷所有的性別。

泛性戀者／泛性別情感傾向者，亦被稱為全性戀者／全性別情感傾向者（Pansexual／Panromantic, a.k.a. Omnisexual／Omniromantic）：能被任何或所有性別吸引之人。

糾察（Policing）：強行施加規範或信仰，以讓他人知悉應如何認同自己、表達自己或者有什麼樣的行為舉止。這本書裡所指的「糾察」，是指針對社會性別和性別表達。（例如：「你是男生，你不可以跳芭蕾舞！」或者「妳不能說自己是女同性戀，除非妳和女孩子交往。」）

多重伴侶關係（Polyamory）：實行或希望兩人以上的伴侶關係。和其他任何一種關係一樣，這種關係也需要參與者之間的溝通、誠實與同意，才可能進行。

多性戀者／多性別情感傾向者（Polysexual／Polyromantic）：被許多種性別（但不見得是全部的性別）所吸引之人。

特權（Privilege）：向多數族群或非受壓迫族群主動提供的福利和機會，這些福利和機會經常被多數族群或非受壓迫族群視為理所當然，或者不受注意，但被壓迫的族群卻被犧牲。

代名詞（Pronouns）：這本書所探討的代名詞，是指稱呼特定人之時，未使用其名稱所使用的代名詞（例如：他、她、他們、ze、e等）。在我們的社會中，某些代名詞和性別之間具有強烈的連結。

酷兒（Queer）：為概括性用語或身分認同，指LGBTQIA+成員用來描述不屬於社會規範之性認同和／或性別認同。這個專有名詞以前曾有詆毀污衊之意，現在雖然已經被許多LGBTQIA+成員重新定義，但並非每個人都喜歡使用這個詞彙。

疑性（Questioning）：不確定、仍在摸索自己的性傾向／情感傾向或性別認同。

疑性戀者／疑情感傾向者（Quoisexual／Quoiromantic, a.k.a. WTFromantic）：無法分辨自身所感受的情欲之人，他們不確定自己是否感受過情欲，以及／或者不認為情欲和／或情感吸引力與自己有關。

互惠式性傾向／互惠式情感傾向（Recipsexuality／Recipromanticism）：只有在知道對方喜歡你之後，你才可能喜歡上對方。

同性愛好者（Same gender loving／SGL）：非裔美國人的LGBTQIA+社群。

自我認同（Self-Identification）：以自己認為正確或真實的特定方式來認同自己的身分。

生理性別（Sex）：社會基於人體生理特徵所構建的分類系統。社會通常只承認兩種性別：男性和女性，並且對於這兩種性別有特定的要求。然而現實的情況是，人的生理特徵往往比社會的分類和要求更為多元化，雙性人（Intersex）就是其中一例。

性指定／性別指定（Sex assignment／Gender assignment）：社會習慣在嬰兒出生時將其標記為男生或，通常是根據生殖器官的外觀來決定。

超性戀者／超性別情感傾向者，也被稱為非二元化性戀者／非二元化性別情感傾向者（Skoliosexual／Skolioromantic，a.k.a. Ceterosexual／Ceteroromantic）：被非二元化性別者吸引之人。

社會（Society）：由人、法律、傳統、價值觀及特定文化組成的主導社群。

光譜（Spectrum）：挑戰僵化之性與性別主流觀點的身分認同觀念和模型。光譜說明了在一般的身分認同之外，還有其他身分認同存在。

一劇動（-spike）：用來表示某人吸引力波動的後綴詞。劇動之人經常覺得自己無法感受到吸引力，但突然間又會感受到強烈的吸引力（例如：無性戀劇動）。

污名（Stigma）：對特定族群／標籤／身分的負面聯想和／或預期，通常是來自誤解和／或刻板印象（例如：雙性戀有時會被污名為貪婪、男女雜交或認知混亂）。

跨性別男性（Trans man）：出生時為女性的男性。

跨性別女性（Trans woman）：出生時為男性的女性。

跨女性（Transfeminine）：指出生時為男性但擁有較陰柔的性別表達，以及／或者以陰柔的特質表達自我之人。

跨性別（Transgender／Trans）：形容性別認同與其出生時的生理性別和／或社會性別不同之人的概括性用語。

過渡期（Transition）：為確認自身性別和／或緩解性別焦慮而接受自己和／或追求改變的過程。

跨男性（Transmasculine）：指出生時為女性但擁有較陽剛的性別表達，以及／或者以陽剛的特質表達自我之人。

變性人（Transsexual）：性別與出生時的性／性別不同之人。這種自我認同有時候和已經接受和／或想要接受變性手術有關。這是一個比較老舊的專有名詞，現在已經不常被使用。現今多使用「跨性別(transgender)」一詞。

三性人（Trigender）：具有／經歷三種性別之人。

三性戀者／三性別情感傾向者（Trisexual／Triromantic）：受到三種性別吸引之人。

試性戀者／試性別情感傾向者（Trysexual／Tryromantic）：在性和／或情感方面開放各種嘗試之人。

概括性用語（Umbrella term）：涵蓋描述或指稱多種認同／傾向／群體之人的詞彙或片語。這本書裡有許多概括性用語可以指稱兩種特定的自我認同，或者單一獨立的自我認同（例如：性別酷兒可以是一種特定的身分認同，也可以是指稱多種不符合常規性別之身分認同及族群的概括性用語）。

認可（Validate）：承認、支持和／或接受某事物的真實性與合法性。

女性（Woman）：認為自己為女性之人。

女性傾向／女性情感傾向（Womasexuality／Womaromanticismm, a.k.a. Gynesexuality／Gyneromanticism）：受女性和／或陰柔的特質吸引。

有性戀者／有情感傾向者（Zedsexual／Zedromantic, a.k.a. Allosexual／Alloromantic）：能感受到情慾吸引力／情感吸引力之人（意即不在無性戀光譜上之人）。

第一部

光 譜

對我來說,性別是無垠的宇宙。每個人都有不同的性別。有時候,某個人會沒有性別,宛如太空中的黑洞或星團。有時候,性別就像是爆發的彩色星系……每個人在無限的性別宇宙中都有自己獨特的位置。

開始深入探討性傾向、情感傾向和性別認同的細節之前，先來聊聊我最喜歡的主題：光譜！我喜歡光譜的原因之一，是因為我堅信世界上沒有任何事物是非黑即白的。光譜包含了灰色空間、模糊地帶和流動性，由於這些都是對人類經驗來說不可或缺的概念，因此我覺得光譜對於理解和描述身分認同很有幫助。我之所以選擇將這個主題放在這本書的第一部分，原因很簡單：當我們學習各種身分認同時，必須知道它們並非「全有或全無」的概念。許多身分認同可能以不同的程度存在，而且具有多種可能性。我們繼續往下閱讀的時候，牢記這一點是非常重要的。

從本質上來說，光譜是幫助我們以複雜的方式理解身分認同的工具或概念。我們通常會把光譜當成視覺輔助工具，方便我們表達和繪製不同的身分認同。光譜有很多種風格，最主要的是線性模型。這種類型的光譜有兩個端點，中間有很多空間。線性光譜通常用來描繪一個人感受到情欲的程度，圖示大致如下：

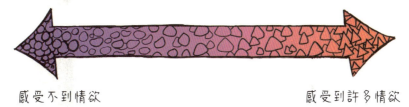

解讀這種圖示的方法非常簡單。最左端是感受不到情欲之人（**無性戀者**），最右端是感受許多情欲（**有性戀者**）。在光譜上的繪製方式大致如下：

但是,那些不覺得自己是百分之百無性戀者或有性戀者的人怎麼辦?嗯,這就是兩端之間那些空間的用途!也許有人覺得自己介於無性戀者和光譜中心之間,這通常被稱為**灰性戀者**[23],在光譜上表現這種身分認同的其中一種方式可以是:

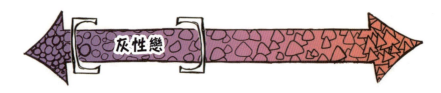

也許有人覺得自己會依照當天的心情與身處環境而在光譜上游移,他們可能認為自己是**無性波動者**[24],在光譜上表現這種身分認同的其中一種方式可以是:

---

23. 灰性戀者:有些人的情欲感受力很少量,而且只在特定情況下能感受到,或者不確定自己是否有過情欲感受。
24. 無性波動者:有些人會感受到不同程度的情欲。

或者,也許有人經常感受到情欲吸引力,但不太強烈。表現的方式可以是:

身分認同的解釋和每個人的描述方式可能非常多樣化。為了清楚表達自我,人們可能會採用不同的方法繪製光譜。有些人可能會在光譜上添加括號、畫出圖點、塗鴉箭頭、描繪陰影等。一個人要如何繪製光譜,完全由自己決定,沒有任何規則可循,只有自己知道怎麼做才對。

舉例來說,如果我們詢問五個身分認同各異之人(分別為無性戀者、灰性戀者、無性波動者、有性戀者,以及無法感受到強烈情欲之人),請他們在同一個光譜上繪製出自己的位置,可能會有以下三種結果:

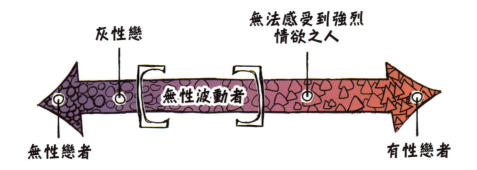

舉例說明：

無性戀者：「最底端就是我在光譜上的位置。」

灰性戀者：「我用點來表示，因為我的灰性戀傾向非常固定。我很少有情欲感受。」

無性波動者：「我使用括號來表達我的無性波動身分存在於少量和中量的情欲感受之間。」

無法感受到強烈情欲感受之人：「我簡單的在光譜上標出我的位置，就在超出光譜中心點的地方。我確實可以感受到一些情欲，但不強烈。」

有性戀者：「我在光譜的最末端。我是完完全全的有性戀者。」

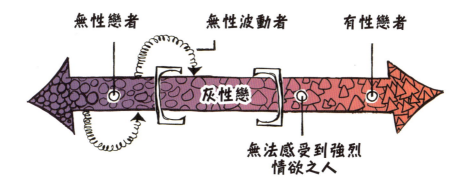

更多例子：

無性戀者：「我不是在光譜的最底端，因為我可以感受到極少量的吸引力，但我仍然覺得自己是無性戀者。」

無性波動者：「動感箭頭用來表達我的情欲變化得多麼劇烈！除此之外，它們會在沒有情欲和一點點情欲之間游走。我從來沒有感受過比這更強烈的情欲。」

灰性戀者：「我沒有辦法用一個圓點來表示我的灰性戀傾向，所以我用括號來顯示我的情欲感受力位於接近光譜中心點的位置。」

無法感受到強烈情欲感受之人：「我感受到一些情欲，但有時候我覺得那種感受不像大部分的人那麼強烈，所以我在光譜中畫上一個圓點。」

有性戀者：「我不確定自己是否感受到和別人一樣多的情欲，但我確實感受得到，我覺得自己是有性戀者。」

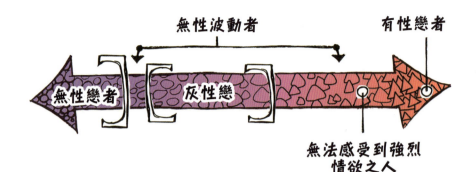

更多例子：

無性戀者：「我感受到的情欲多寡，有時候會變動，但我從來沒有感受過比極少量還要多的情欲，因此我用括號標出光譜的最左端，以表達我的身分認同。」

無性波動者：「我只有感受過兩種程度的情欲，並且在兩者間來回波動！我用箭頭在光譜上標示出兩種程度的情欲。」

灰性戀者：「我沒有辦法完全確定自己感受到多強的情欲，但就在我於光譜上用括號標出的位置之間。」

無法感受到強烈情欲之人：「光譜上的這個小點，就是我感受得到的情欲的程度。」

有性戀者：「我的身分認同很簡單，我感受到很大量的情欲，因此我把自己標示在最右端。」

　　我們目前討論的線性模型有一些限制。通常而言，它們太過平面，無法精確描繪出身分認同的各種複雜性。以性別為例，如果你在網路上快速搜尋「性別認同光譜」，可能會找到數百個兩端分別為「男性」和「女性」的線性模型，這是因為我們的社會是以「二元化性別」的觀點看待性別，很少人知道男性或女性之外的身分認同。

但是,這個觀念錯了!還有非常多與男性或女性無關的性別存在,因此我們不難看出,在線性光譜上繪製身分認同並不完全精確。

畢竟,如果某人覺得自己的身分認同和「男性」與「女性」毫無關聯,我們卻硬把他放在這兩種性別之間的某處,實在沒有多大意義。

線性光譜模型之外的另一個選項是色環。色環上不同的區塊,代表不同的身分認同,顏色彼此相融的地方,表示這些身分認同的混合處。在色環上繪製幾種性別的例子,可以如下圖所示[25]:

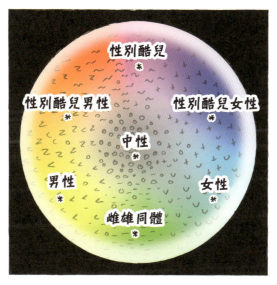

如果一個圓點的感覺不夠正確,也可以畫上好幾個圓點、突顯整個區域、繪製箭頭,或者以任何方法表達最能代表自己的性別。舉例來說,如果有人覺得自己在性別之間游走,或者與多種性別具有連結,他們的色環可能像這樣:

---

25. 如果你不懂這些性別標籤的意思,請參考第二部「性別」的相關內容,從第50頁開始。另外,我花了很大的功夫,仍然找不到/聯絡不上最初發想出性別色環概念之人。倘若你知道是誰想出了這個概念,請透過ashley-mardellbook@gmail.com與我聯繫,這樣我才能補上發明者的名字。

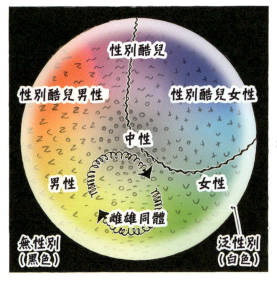

「性別獨角獸」是另一種非常棒的光譜,由跨性別學生教育資源組織（TSER）授權我在本書裡介紹。「性別獨角獸」看起來像這個樣子:

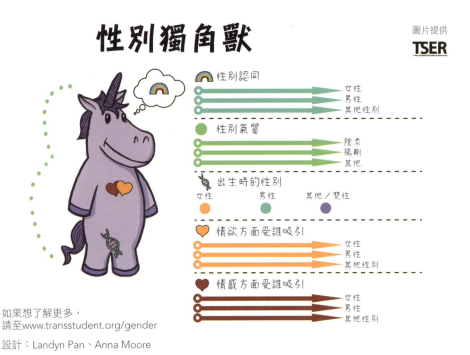

如果想了解更多,
請至www.transstudent.org/gender

設計：Landyn Pan、Anna Moore

為了示範如何運用性別獨角獸光譜,我在這裡畫下了我個人的認同。

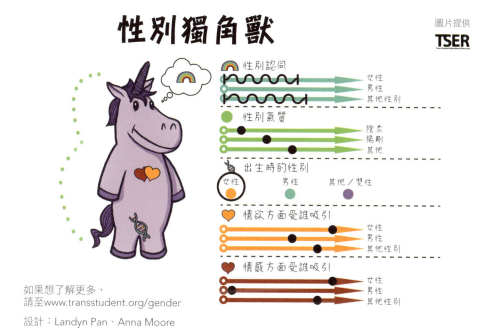

如果想了解更多,
請至 www.transstudent.org/gender

設計:Landyn Pan、Anna Moore

說明:

我的性別是流動的。有時候我覺得自己有點像女人,有時候我覺得自己有點像非二元化性別者,有時候我覺得自己同時展現了這兩種性別。

我的性別氣質從最少到最多依序為陰柔、陽剛和雌雄同體。

我出生時被指定為女性。

在情慾方面,我被許多種性別吸引。不過,基本上我最常喜歡女生,其次是非二元化性別者,然後是男生。

在情感方面,我經常被女性和非二元化性別者吸引。我在情感上也會喜歡男生,雖然不常發生。

這個光譜最酷的地方,就是讓你在一張圖示上表達身分認同的多種面向。這些不同的面向包括性別認同、性別氣質、性別、你在情欲方面被什麼樣的人吸引,以及你在情感方面被什麼樣的人吸引。

可以透過光譜模型來表達的概念還有:

- 你感受到情欲所需要的條件

我對什麼樣的人會產生情欲感受

完全陌生之人　　　　　　　我非常熟悉而且已經建立起強烈情感連結之人

- 你感受到特定身分認同的強度

我感受自身性別的強度

我對自己的性別無動於衷　　　　我對自己的性別有非常強烈的感受

- 你感受到特定情欲的強度。這些吸引力可能包括但不限於:情欲方面、情感方面、感官方面、柏拉圖式方面、審美觀方面,以及介於情感和柏拉圖式之間的吸引力 [26]。

我感受到特定吸引力的強度
(可能包括性欲、情感、感官、柏拉圖式、審美觀……等。)

我沒有感受過任何特定的情欲　　　我對特定情欲有非常強烈的感受

---

26. 關於吸引力的說明,請參閱第141頁。

- **多重伴侶關係**

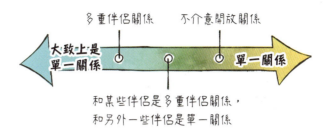

- **以及其他各種概念！**

　　如果線性模型、色環和獨角獸光譜都不能讓你滿意，請不要擔心！你可以製作自己的光譜圖，以自製的方式完美表達你的性傾向、情感傾向、性別和任何身分認同！很多人都這樣做，而且其中有些人非常具有創意。我看過3D球體圖、行星圖、散點圖、柱狀圖[27]、文氏圖、藏寶圖，我的朋友查理甚至將自己的性別畫成銀河星系圖！請參考下一頁[28]。

---

27. 如何用柱狀圖畫出自己的身分認同，請參閱第119頁。
28. 查理（Charlie）的Youtube頻道：http://bit.ly/2c3dVFR

OUR STORY 我們的故事

查理：對我來說，性別是無垠的宇宙

　　在成長過程中，我從來不覺得自己符合社會嚴格規定的男女二元化性別。經過一番研究之後，我發現許多人將自己的性別定義為二元化性別以外的性別。他們用線性光譜來描述，人可以是男性、女性，或者介於男性和女性之間的任何位置。這種描述比較貼近我的感受，但我不認為自己是男女混合體，而是一種完全不同的性別。

　　然後，我看到有人把性別光譜畫成一顆行星，那顆行星上面有未知的土地、山脈、島嶼和各種地方，而不僅僅只有男性與女性之間的空間。這種描述和我的感受很接近，不過我仍覺得太受限制。

　　對我來說，性別是無垠的宇宙。每個人都有不同的性別。有時候，某個人會沒有性別，宛如太空中的黑洞或星團。有時候，性別就像是爆發的彩色星系。有些人可能一生都堅持待在嚴格的女性星球，或者在幾個不同的星球間流暢的跳動。關於我對自身性別的感受，迄今我還沒有找到比「非二元化

性別」更具體的標籤,但創造出一個性別宇宙讓我感覺非常棒,我們在無限的性別宇宙中都有自己獨特的位置。

除非自己製作圖表,讓這個圖表無可挑剔的說明你錯綜複雜的身分認同,否則任何一種光譜模型都不會是完美的。許多光譜模型無法描述某些身分的特點、細節和特殊情況。舉例來說,新性傾向(Novosexuality)[29] 就是一種具有多種特定要件和情況的性傾向,我們稍後會加以說明。

---

29. 新性戀者能夠被什麼樣的人吸引,會隨著他們正在體驗的性別而有所不同。請參閱第160頁!

因此，如果沒有一些冗長的文字說明[30]，只靠光譜上的幾個圓點來精確表達，根本是不可能的事。最後畫出來可能會是這個樣子：

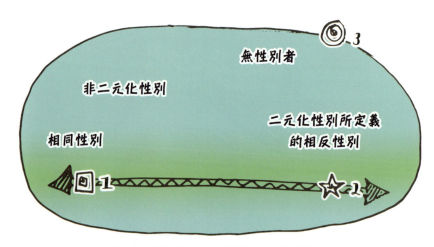

我很難感受到情欲吸引力

◉ 1 當我是男生的時候，我是男同性戀，我完全只喜歡男生，而且深受吸引。

☆ 2 當我是女生的時候，我喜歡男生，但有點複雜，因為我通常必須先與對方熟識，才可能被對方吸引。我在想，當我是女生的時候，我可能是半性戀。

◉ 3 有時候，我覺得自己沒有性別。當我這麼認為時，我在情欲方面被誰吸引，性別就不具有影響力，只要我和對方合得來，我就可能被對方吸引。因此，我圈起了整個光譜。

正如我們已經學到的，光譜圖的缺點是將身分認同過度簡化。然而，雖然這些模型不夠完美，它們的存在仍對我們了解身分認同的方式具有重要的影響。我的意思是：

---

30. 但我個人非常喜歡加上文字說明。

光譜是潤滑劑,因為它們:

- 挑戰二元化性別。例如:「有人說不需要設置性別友善廁所?每個人不是男性就是女性?錯,還有其他許多種性別,看看這個光譜就知道了!」

- 承認身分認同可能以不同程度的強度存在。例如:「我是性別波動者,我在我的性別光譜上用顏色來表達這一點。在我強烈覺得自己是女生的日子,我用深紫色的圓點來表示。在我有點覺得自己像女生的日子,我用中等的紫色表示。在我覺得自己幾乎不像女生的日子,圓點是淡紫色的。」

- 允許變化和流動性。例如:「我的身分認同經常改變,所以我時常在光譜上加畫括號,而非使用圓點表示!」

- 認同介於中間的空間。例如:「我是雙性人。我的性別既不是男性也不是女性,而是介於兩者之間。我在性別光譜上的這個位置。」

- 促進LGBTQIA+社群內部的融入。例如:「LGBTQIA+社群不只有同性戀。你也可能是雙性戀、疑性戀或其他身分!有一系列的身分認同光譜都被認為是LGBTQIA+!」

- 提供描述身分認同時的精確性,因為有時候光使用詞彙是不夠的。例如:「呃,我是非常無性的。」「……什麼意思?」「看這裡,讓我在性別光譜上畫出我的位置。」(快速塗鴉)「噢!這樣我就懂了!」

- 提醒我們LGBTQIA+社群比我們知道的更為廣大且多樣化。例如:「看看這個性別色環裡所有的身分認同!其中有一些我甚至沒聽過!太酷了,我想知道更多!」

光譜不僅限於圖像模型，也可以是概念性的。有些內容太大或太多，無法在紙上呈現，那就不要畫在紙上！你仍然可以陳述與了解光譜上有某種身分認同的存在。這意味著身分認同能夠以不同的程度發生，以及／或者具有多種可能性。

46

談到光譜，只不過是可以用來幫助人們描述與視覺化身分認同的工具和概念。要不要選擇使用光譜，完全取決於個人！

　　此外，在光譜上畫滿問號也是可以的——我知道，我就這樣做過！

　　下一頁是我最初繪製的光譜模型之一（警告：這個光譜模型並不完美，而且是根深柢固的二元化性別光譜。當時我還很年輕，但看見自己能在短短幾年內學到這麼多知識，實在覺得很酷）！

艾胥莉二十一歲時的身分認同光譜：

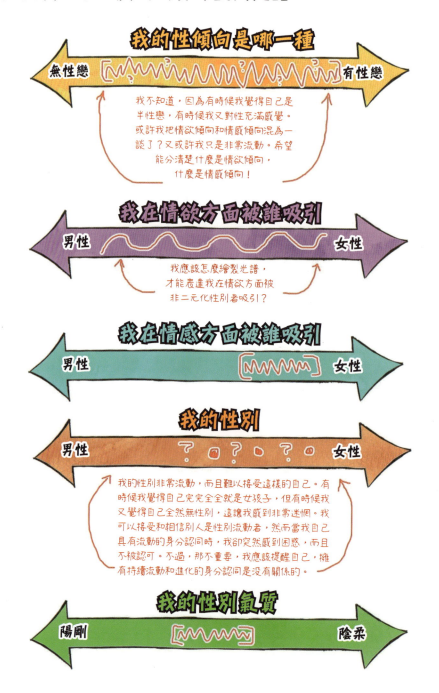

現在我們已經學到了許多關於光譜的知識，你可能需要花一點時間，將這些資訊應用在一個小小的練習上。請就以上學到的內容，在下方空白處繪製你的身分認同光譜。請記住，你的光譜可以是線形、圓形、球形，或任何你喜歡的形式！你還可以在光譜中畫上點點、陰影、箭頭，或者加上注解、問號、塗鴉等，來充實你的光譜！

如果你有更多想法，請記下來，到了明年，再於下方空白處畫出你的光譜！看看經過時間的轉移，你和你的光譜會有多大的改變，可能會非常酷。

第二部
性別

眼線、熱褲、女靴等等。穿上這些服飾讓我感覺非常舒坦，因為這時候我才覺得人們會以我看待自己的方式來看待我。然而，我不認為這些服飾對於我的性別認同是必要的，因為無論我身上穿什麼衣服，我就是我。

2.1 認識性別

生理性別、社會性別究竟有什麼不同？
選擇適合自己的代名詞
性別不只有男或女？

恭喜！現在你已經進入探討性別的章節。倘若你認為關鍵字和光譜就已經非常複雜，請做好準備，因為你即將展開一趟精采刺激的旅程！就我個人的觀點，這本書裡所討論的各種概念中，最有挑戰性的就是性別。

生理性別（sex）是什麼？

讓我們先弄清楚一件事：生理性別（Sex）並不等於社會性別（Gender）。那麼，生理性別是什麼呢？首先，我想說的是——我們的文化對性別充滿誤解。社會上對於性別的定義，通常與下列論述相去不遠：

人類及其他生物依據生殖功能而劃分為兩大類別（男性和女性）。

《牛津字典》，2016

這是對於生理性別（Sex）的常見定義，我想大多數人都很熟悉。然而許多人不知道，這種定義是一種「社會建構」[31]，是人類發明出來的分類方式。

不要誤解我的意思——我們身體的生理構造並不是社會建構出來的。舉例來說，某人可能長了鬍鬚、身體裡有XY染色體、血管中有數以噸計的睪固酮在流動。我們的身體構造是無法否定的，然而，根據這些生理特徵就替這個人貼上「男性」的標籤，是一種人為的設計，畢竟，身體的部位並非天生就被歸類為男性或女性……，身體部位就單純只是身體的部位。

性別也是受社會二元化性別強烈影響的系統，從以下的事實就可以看得出來：社會採用二元化的性別分類，而這兩種類別與二元化性別具有強烈的連結。這兩種類別包括男性（與男人連結）和女性（與女人連結）。一個人會被如何分類，主要是依據以下的標準：

---

31. 被社會建構出來的事物，並不一定是負面的。我們日常生活中有許多有用的社會建構，例如金錢、時鐘、紅綠燈。然而，有用的事物不表示沒有潛在的有害性，例如金錢就有潛在的有害性。「性別」的有害性，在於它是以強制性的、二元化的、不精確的方式建構而成，我們在本書將探討這方面的問題。

- 染色體

- 荷爾蒙

- 配子（在受精過程中結合在一起的單倍體細胞，也就是精子或卵子）

- 第一性徵（出生時即存在，與生殖具有直接關聯的特徵）：

    外生殖器（陰戶、陰蒂、陰莖、陰囊）
    內生殖器（子宮、卵巢、副睪、前列腺等）

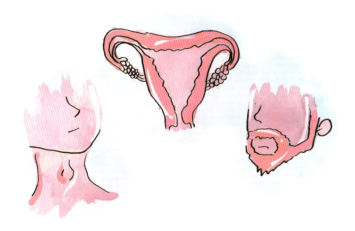

- **第二性徵（自青春期才開始出現）：**

    體毛
    鬍鬚
    肌肉與脂肪比
    喉結
    乳房

依據社會的觀點，兩種性類別的「完美樣本」可能具有下列各項特徵：

理想的男性	理想的女性
豐沛的睪固酮	豐沛的雌激素
XY 染色體	XX 染色體
精子	卵子
陰莖	陰戶
睪丸	子宮
臉部有鬍鬚	臉上很少或沒有鬍鬚
聲音比較低沉	聲音比較尖細
肩膀寬闊	臀部寬闊
身上有較多肌肉	有乳房

然而，如果某人不符合兩個欄位的任何一邊，該怎麼辦呢？我想，我們不少人應該都能想出自己身邊至少有好幾位不具這兩類特徵的人。比方說，你認不認識臉上沒有濃密鬍鬚的男性？應該有吧？你的朋友當中有沒有臉上長鬍子的女性？應該有吧？

如果沒有，我現在就可以為你介紹一位：我本人。我臉上大概長了十根長長的、深色的、雜亂的鬍子。如果是在兩年前，我絕對不可能承認（但現在我可以坦然寫進書裡）！我以前對這件事很沒安全感，但後來我認識了好幾位臉上也長著鬍子的女生，有些人像我一樣四處亂長，有些人長在嘴脣上方，有些人則是下巴的鬍子多到可以蓄鬍。現在我已經明白，臉上長出一些鬍子是很自然的事，而且就女性而言也不算罕見。

需要我再舉更多例子嗎？有些女性有寬闊的肩膀和突出的喉結，有些男性有乳房且無法產出精子。我們必須從許多角度去理解：雖然生物有其模式，但這些模式絕非鐵則。不過，每當人們談論性（和性別）的時候，好像都認為有一定的規則存在，要是你的身體沒有遵守這些規則，你就低人一等，或者是怪胎。我們必須開始挑戰這種現象，並且努力改變。

讓我們再進一步討論，假如某人的生理外表像這樣：

- 沒有鬍鬚
- 有乳房
- 有類似陰道的生殖器
- XY染色體
- 有內睪丸
- 沒有子宮
- 很少體毛，幾乎沒有

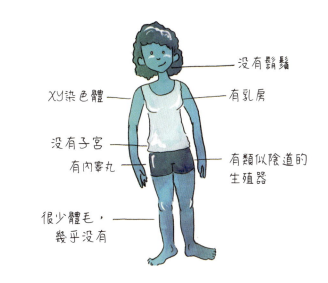

若要嚴格將此人歸類為「男性」或「女性」，可能會非常困難。也許你會認為：「我們之所以只有兩種性分類，是因為現實生活中沒有人具備上述特徵[32]。即便真的有，也是非常非常罕見。我就從來沒有遇過這樣的人！」

如果你這麼認為，你可能會對以下事實感到驚訝：大約每兩百人之中，就有一個是**雙性人**[33]。這意味著這些雙性人無法完全符合社會對於男性或女性的觀點。因此，如果你的臉書好友超過兩百人，幾乎可以肯定你已經認識了一個雙性人！為了幫助你更加理解兩性人的普遍程度，你可以想一想：天生具有紅髮的人，也是大約每兩百人之中就有一個！

---

32. 你可能會想知道，這個例子的特徵並非出於假設，或者只是隨便列出來的。許多患有「完全雄性激素不敏感綜合症候群」（Complete Androgen Insensitivity Syndrome，簡稱CAIS）的雙性人就具有這些特徵。
33. 此數據來自Jantine van Lisdonk的研究報告《與雙性人／性別分化障礙者（DSD）一起生活》，https://t.co/xnY1h4lDDj

通常的情況下,除非對方告訴你,你不會知道誰是雙性人。就拿前面提到的例子來說,假如這個人在街上與你擦肩而過,要如何知道對方的染色體、荷爾蒙或生殖器是什麼狀況?你無從得知。你能看到的只有他們的第二性徵(乳房、身材、五官樣貌、沒有鬍鬚)。雖然這些屬性只是他們部分的性特徵,但你可能會不自覺認定這個人是女生。你大概不會一看見對方就馬上想:「這個人肯定是女的!」然而,你很可能會在潛意識裡替對方貼上女性的標籤。

基於有限的生理資訊就斷章取義做出分類,發生頻率遠比我們想像中的還要高。例如,每天有數百萬名新生兒在匆忙中被貼上標籤,醫護只會迅速瞥視寶寶的生殖器官一眼,倘若某個寶寶擁有非常類似陰戶的生殖器官,醫生就會在寶寶的出生證明上標記為女性,就這麼簡單。

有時候,人們為寶寶的生殖器官分類時可能會遇上困難,以致醫生不確定應該給這名寶寶貼上二元化性別的哪個標籤。當這種情況發生時,醫生可能會決定幫寶寶進行手術。

這種手術的目的,在於改變寶寶的生理狀況與荷爾蒙,以提供寶寶「更能被社會接受的性特徵」[34]。但隨著我們對性與性別有進一步的了解,人們開始

---

34. 例如第54頁那個「理想的男性」/「理想的女性」表格中的性特徵。

反對這種手術，希望醫護人員和監護人給予孩子自主權，讓他們選擇要不要保留這種與生俱來的生理狀況。以下是克勞蒂亞分享她對這種手術的感想[35]。

OUR STORY 我們的故事

克勞蒂亞：每個人都有權利決定自己想要的樣子

　　我是克勞蒂亞，我是雙性人！雙性人同時具有傳統觀念上被視為「男性」或「女性」的特徵──有時候還會具有兩種性別都沒有的非典型特徵。因為雙性人的身體不易被歸類為男性或女性，經常被視為需要靠醫療行為「修正」的對象。家長和臨床醫生常常選擇以整型手術和其他療程來改變雙性人的身體，以便讓雙性人的身體能夠看起來像「正常的」男孩或女孩一樣。

　　這種醫療程序對健康沒有任何好處，而且在未經我們同意的情況下就動刀，可能會導致我們在身體、心理和／或情感方面有持續性的傷害。我個人認為，如果家長和醫生直接決定要不要移除我們身上健康且功能完整的部位──例如左手的小指，可能會讓人感到非常奇怪。要是我們發現這個社會總是在寶寶一出生之後就馬上截除他們的左手小指，大家可能會被嚇壞，這樣的行為也

---

35. 克勞蒂亞的個人網站：http://bit.ly/2cxBJwT

將成為頭條新聞,受到新聞媒體的關注——絕大多數人一定會認為這麼做很不正常,而且是不好的行為,對不對?然而,當家長與醫生決定把雙性寶寶和雙性孩童身上的部位移除時,社會卻認為這樣做對孩子有益、是在幫助孩子。我覺得根本不是。

每個人都應該擁有身體的自主權——決定我們要不要有某個器官,並選擇是否保留或加以修正。恣意從雙性孩童身上移除身體部位是不正確的,目前雙性人運動正在努力終止這樣的行為。

並非每個雙性人都會接受手術,而且許多雙性人擁有類似「典型男性」或「典型女性」的生殖器官,因此他們可能要到青春期甚至更晚之後才會知道自己是雙性人,有些人甚至根本不曉得。有時候,就連那些非自願接受手術者,也不知道自己是雙性人!

得知自己的生理與原本預期的不同,可能是難以想像且令人困惑的經歷。由於我們的文化嚴格恪守性別二元化的規範,因此雙性人有時候會覺得自己是不完整的、可恥的,或者孤單的,這就是為什麼我主張以非二元化的方式看待「性」,會比較精確也比較健康。

有些人以非二元化的方式將「性」概念化,其中一種方法就是透過光譜來檢視。這種光譜可能像這樣:

　　這個光譜是將雙性人放在男性和女性之間。一個人可以在這個光譜上的任何位置。例如，某人可以是男性、偏男性、雙性人、偏女性，或者女性。

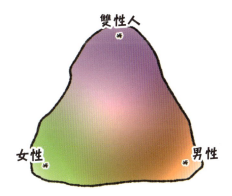

　　這個光譜是三角形，因為有些人認為雙性人並非「介於」男性和女性之間，而是一種完全不同的性別。除此之外，有些人認為將雙性人放在男性和女性之間，意味著雙性人是一種不完整的性別。

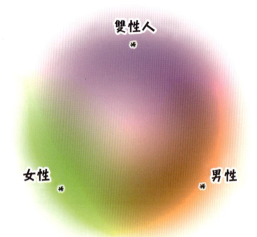

這個光譜沒有端點，它所傳達的概念是：性別是無限的。我們身體特徵的種類和組合數量龐大且類型太多元，因此無法畫出界限。

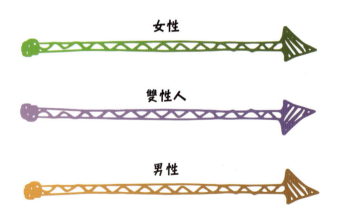

這個光譜所要傳達的概念是：可能會有一種特徵的組合，是同時為男性、女性和／或雙性人。

或者,性別純然是一種沒有視覺圖像的概念,在不同的人身上有無限多種生理組合,而且充滿可能性。也許我們只要能明白這一點就夠了,不必要建構一個看得見的光譜模型。

其他人認為,如果透過光譜來檢視原本未歸類於特定性別(通常是指光譜上的「男性」和「女性」)的身體部位與特徵,將特定群組其視為「自然」或「正常」,就形同暗示其他種類的身體部位和特徵是不完整或不完美的。抱持這種看法的人,多半認為不應該在人一出生時,就將嬰兒指定為男性或女性。

無論你認為哪一種才是看待性別的正確方式,無可否認的是,性別並非只有男性和女性。當我們說到性別時,請記得人類的身體是複雜的,具有美麗的多樣性,這就是為什麼性別絕對不應該二元化,性別不只有男或女。

然而,在我們的文化中,人們總是被迫將自己塞進只有兩種主流選擇的箱子裡。一個人的性別分類,會出現在官方表格、身分證件、醫療檔案、測驗問卷、交友網站、求職申請表上,甚至連廁所都會依照人的「出生性別」來加以區分。我們無法擺脫社會對性別的二元化觀點,不管贊不贊同、要不要設法融入這種區分法,每個人都被迫面對。

　　正如我們提到的,並非每個人都符合社會對「男性」或「女性」的要求。一再被迫選擇自己的性別,以及／或者鮮少得到認同,可能導致雙性人感到孤立、認為自己是病態的、沒有存在感的。這就是為什麼我們需要重新評估看待性別的方式,並且開始為那些不完全符合典型「男性」或「女性」之人創造空間。這些人的存在是千真萬確的,而且他們的性類別不比任何人來得低。

社會性別（gender）是什麼？

　　以下這段內容,我大約重寫了好幾千萬次。我必須坦白說:社會性別非常複雜,而且其實我自己也還在努力理解中。我相信很少人能全面了解,也不認為哪個人敢說自己是性別領域的權威,起碼我知道自己不是。因此對我而言,有一件事非常重要,我必須言明在先:性別知識每天都在增長,而且每個人對性別都有自己的見解,你的看法可能會與我的看法不同。

　　這裡提到的專有名詞,在定義上還沒有普遍一致的看法,我只是其中一種聲音,請不要把我的意見視為「性別法典」。我鼓勵你以批判性的方式多加思

考，而且是為了你自己而思考。話雖如此，我已經盡我所能，將我的看法發展並整合，希望能對你有幫助。

社會性別很難透過完美又齊備的方式加以定義，原因之一，是因為這個詞彙根據使用時的上下文，會有幾種不同的意涵：

> 就個人身分而言，「社會性別」可以是：
>
> 男性、女性、同時為男性和女性，既非男性也非女性、介於男性和女性之間，或者某種完全不同的性別。
>
> 例如：「我的社會性別是中性。」
>
> 就社會定義而言，「社會性別」是指：
>
> 社會構建的分類系統，通常認定每個人的性別都是二元化性別中的一種——不是男性就是女性。而且，社會文化基於這種分類方式，賦予這兩種性別特定的期許，包括其應該有的角色形象、行為舉止、表達方式和各項特徵。
>
> 例如：「歡迎光臨『性別分類服裝店』。我們店裡的服飾都依照性別區分。『女性區』在這邊，『男性區』在那邊。」

我們先來拆解個人身分的社會性別：「男性、女性、同時為男性和女性，既非男性也非女性、介於男性和女性之間，或者某種完全不同的性別。」

要明白這個定義的意思，我們可以先了解一件事：與生理性別相比，社會性別比較不具體。一個人所具備的生理條件（染色體、荷爾蒙、生殖器、身上穿的衣服等）都不能代表其社會性別。相反的，社會性別是由自我理解和自我認知所構成。簡單的說：生理性別是依據我們與生俱來的生理狀態，而社會性別是根據我們對自我的認知，這種認知不受生理狀態的影響。

在這種思維方式下，沒有任何社會性別是病態的[36]。人可以是二元化性別（意即男性或女性），也可以是非二元化性別[37]（意即不是男性也不是女性、同時具有多種性別、在性別之間流動等），或者可以根本沒有性別。我們馬上就會深入探討這些專有名詞，如果你還不懂它們是什麼意思，請不必驚慌！重要的是，你必須理解，沒有人可以規定哪個社會性別是對是錯，除此之外，也沒有任何一種社會性別在本質上比其他的更自然或更合法，因為一個人的性別認同就是他們最真實的面貌。

現在讓我們回頭談談「社會性別」的社會定義：

社會構建的分類系統，通常認定每個人的性別都是二元化性別中的一種——不是男性就是女性。而且，社會文化基於這種分類方式，賦予這兩種性別特定的期許，包括其應該有的角色形象、行為舉止、表達方式和各項特徵。

雖然我剛才說社會性別沒有規則可言，但我也必須承認，就社會而言，性別充滿了規則和壓力。我們的文化不斷將其對性別的期望強加在每個人身上，當這些期望限制了人們的性別氣質與身分認同、迫使人們容忍那些並非規範的要求時，問題就出現了。

因此，有人會問：社會如何看待性別？我相信答案一點也不令人驚訝：社會通常以一種極度二元化的方式來看待性別——人的性別不是男性就是女性。也就是說，「男性」就理所當然是文化中的「生理男性」（具有陰莖與XY染色體等），而「女性」則應當是文化中的「生理女性」（擁有陰道與XX染色體等）。這就是社會加諸在我們身上的第一個性別規範——要是我們想成為某種性別，就必須擁有特定的生理構造[38]。

性別規範不僅與我們的生理特徵有關，同時也是社會認定男性和女性應該符合的標準。這些規範包括：

- 男性和女性應該多聰明
- 男性和女性應該賺多少錢

---

36. 不過，有一些性別標籤可能是專用的、有害的，和／或有問題的。
37. 關於非二元化性別，請參閱第111頁！
38. 社會的要求經常超出性別與生理的相關性，而且有時候會把兩者完全弄混，誤將「性」和「性別」當成同義詞。

- 男性和女性應該穿什麼樣的衣服
- 男性和女性的身體／髮型應該是什麼樣子
- 男性和女性應該對什麼事物感興趣

除了性別規範之外,我們的社會還設定許多性別角色。性別角色是根據社會規範而允許或期待男性和女性成為什麼樣的角色,以及具有什麼樣的地位、行為和／或責任。男性與女性的社會性別角色可以如下所示:

賺錢養家　　　　　　　　時尚達人
養育孩子　　　　　　　　管教者
管理家計　　　　　　　　管家
負責談判　　　　　　　　計畫者
下廚　　　　　　　　　　保護者
喜歡運動　　　　　　　　負責通馬桶

為了讓你明白當今文化如何看待性別,以下是社會觀點對理想男女的描述。這樣的「理想男女」符合多項性別角色與性別規範的要求:

可能有很多人不完全認同,也不認為我們必須擁有圖中的每一項特徵才算標準的男性或女性。我們甚至可能完全否定二元化性別,並且承認有無數多種性別存在。

然而,就算明知道不正確,我們仍然受到社會二元化性別及傳統觀點的影響。這是可以理解的,因為這些想法從小時候就在我們體內扎根與內化。區隔兩性的洗手間、依照不同性別該穿的服裝,到媒體上幾乎只看得見順性別者,這些都是我們每天面對的現實。我們已經習慣接受社會的二元化性別傳統觀點,除非具備充分的自覺心,並且勤加練習思考,否則我們對性別的觀念或多或少都會受到文化的影響,這也將會影響我們看待他人性別及看待自己性別的方式。

我的朋友凱就是這方面的絕佳好例。他是跨性別男性,有豐富的經驗挑戰二元化性別及反抗性別角色。他大約兩年前出櫃,從那個時候開始學會愛自己,並且培養以跨性別身分為傲的觀念。儘管如此,「跨性別恐懼症」[39]仍不時在凱的內心產生糾結[40]。

---

39. 跨性別恐懼症:因為對跨性別者的錯誤觀念及資訊,以致對跨性別者產生偏見,或者因而對其施加虐行、無視、輕蔑,並且向他們傳達系統性的歧視與暴力。
40. 凱(Kai)的Youtube頻道:http://bit.ly/2c9D1i0

OUR STORY 我們的故事

凱：面對跨性別恐懼症

　　我必須面對跨性別恐懼症的問題，尤其這與我對自己身體的感受有關。奇怪的是，雖然我認為身體器官不需要與社會性別相符，有時候我還是很難把跨性別者視為「正常人」。我相信這是因為我對於身體和正常的觀點已經受到制約。

　　我認為，無論什麼樣的身分認同，都會糾結於自身觀點與媒體和社會影響的衝突。就我個人的情況而言，我腦子裡有時候會浮現與內心感受不符的想法或意見。比方說，因為我接受的教育，導致我有時候無法將跨性別者視為正常的性別。雖然這並非我內心深處的感受，也不是我會大聲說出口的意見，然而這種想法仍然會在我腦中糾纏不去。關於這種情況，我很喜歡我曾讀過的一句話：「腦子裡會有兩種想法來左右我們我們的意見如何成形：第一種是我們被要求如何思考，第二種則是我們是什麼樣的人。」

　　總括來說，我對於自己和我的跨性人身分仍然覺得不自在。關於性別，我還在學習拆解以前被教導的規則。我想，這是許多跨性人必須面對的問題。跨性人族群和其他族群一樣，必須非常努力才能學會自我接受，尤其是在經歷非常多年的順性別規範之後。

　　我很感謝凱願意分享自己脆弱的一面，告訴我們心裡的掙扎。倘若你也曾有相同的感受，請不必擔心，你並不孤單。許多人因為懷疑社會教導他們的性別觀念而產生掙扎，突破這種心結本來就是非常困難的任務。

　　不過，好消息是，雖然這種根深柢固的傳統性別觀念很難完全擺脫，我們還是可以努力做到。以下是一些解構並重建我們性別觀念的好方法：

- 與別人第一次見面時，盡量不要預設別人的性別或稱謂。相反的，可以考慮詢問對方習慣使用什麼樣的稱呼，或者先使用中性的稱謂，直到被告知使用其他的稱謂。

- 明白人們所使用的物品（服裝、止汗劑、髮型等）並不具有性別，如果持續將這些事物性別化，將會使傳統的二元化性別角色／觀念更長久不衰。

- 對話，對話，對話！我們愈常談論、發問與性別有關的問題，我們（以及與我們聊天的對象）就愈能學到更多這方面的知識！進行這些對話也有助於這類的話題正常化 [41]，並且消除其污名。

- 勇敢一點，挺身而出，就算這麼做會讓你覺得不舒服 [42]。站出來說話可能很可怕，但如果你或你的朋友遇上了順性別主義者 [43] 或認為大家都應該是順性別者之人 [44]，你就應該考慮站出來說話。站出來並且提供宣導可能會是一種有助提升權威的經驗，同時也幫助那些還需要多多學習性別知識的人。

- 另一方面，要明白還有很多關於性別的知識必須學習。如果認為自己已經是專家，就會變得比較不容易吸收新知。有一種學習方式，就是傾聽非順性別者分享他們的經歷。

- 我們不可能在很短的時間內就馬上具備大量的性別知識。這是一種持續學習的過程，必須不斷努力，並且積極吸收知識。

---

41. 有關使某事「正常化」的定義，請參閱第26頁。
42. 但前提是不會讓自己身陷危險之中。
43. 順性別主義是一種性別歧視主義，認為順性別者才是正常的、正確的、最優越的。
44. 認為大家都應該是順性別者之人：認為全天下或者絕大部分的人都是順性別者的人。

- 爭取在媒體上曝光的機會。簡單的方式可以是在你最喜歡的節目討論區發表「具有雙重性別是很棒的事」之類的意見，或者以涉入更深的方式進行，例如和非二元化性別倡議者一起開設自己的網路節目！

- 尋找並傾聽那些與你自身經歷不同的人。聽取不同的性別觀點可以拓展你對現有經驗的了解，並且提升你的同理心。

- 積極質疑我們在做什麼，以及為什麼這樣做。與其被動吸收我們文化既有的思維與性別表現，不如使其瓦解。思考現有文化為什麼會有那種觀念，透過分析之後，才能更深入了解[45]。

- 鼓勵自由的展現各人性別氣質[46]。這可能意味著以遊戲或實驗性的方式說出你對性別的看法，或者以性別不一致的方式與朋友打招呼：「嗨，老兄！你看起來真是可愛極了！」

　　目前為止，我們已經學到很多關於「性別」這個詞彙的知識，以及它在個人和社會背景下的意義。我們了解性別可能很複雜、具有多種面向，而且每個人有不同的經歷。最基本的，我們也學到性別是許多事物拼貼而成集合。從各種意義及背景來看，「社會性別」這個詞彙代表了：

---

45. 可愛的艾力克斯・博帝（Alex Bertie）所拍攝的影片，就是一個很好的例子：http://bit.ly/2chA4hf
46. 關於性別氣質，請參閱第75頁。

　　雖然性別複雜難懂，但具有美麗的榮耀。接下來，我們來認識一下什麼是「性別認同」。「性別認同」通常會與上述的多種或所有元素一起放進一個識別詞彙中。可以表達出某人：

- 如何理解自己的個人性別。
- 是否受限於社會的性別系統，或者翱翔於系統之外。
- 希望別人如何看待。

一旦我們了解這些不同的元素如何結合在一起，就會形成一種自我的概念。我們經常試著找出最能表達這種概念的語言和／或標籤，就是**性別認同**。**性別認同是一個人認知自身性別以及向別人傳達其性別的用語。**

很好，現在你已經認識「社會性別（gender）」和「性別認同（gender identity）」這兩個詞彙，接下來讓我們討論如何使用。這一點很重要，因為我們的文化在語言上會產生歧異，以致非順性別者覺得自己的性別不受重視。

想想看，當我們聊到順性別者時，很少聽見「性別認同」這個詞彙。相反的，當我們聊到跨性別者或非順性別者時，卻經常聽見「性別認同」這個詞彙，或許比「社會性別」更常聽見。事實上，「性別認同」經常被用在跨性別者和非順性別者身上，有時候，這似乎是我們社會在談論跨性別者和非順性別者時唯一的詞彙。

這種情況是可以理解的,因為「社會性別」和「性別認同」這兩個詞彙確實有一些重疊之處。對許多人來說,他們的社會性別和性別認同是相同的[47]。然而,我們必須知道一件重要的事:一味將「性別認同」這個詞彙加諸於跨性別者／非順性別者身上,可能會讓跨性別者／非順性別者覺得自己的性別是偽造的或是有問題的,因而心情沮喪或覺得不被認同(畢竟我們的社會不會一直對順性別者提到「性別認同」這個詞彙)。

---

47. 社會性別與性別認同不一定相同,我的朋友傑克就是一個例子。傑克最近才以跨性別男性的身分出櫃,雖然他是男性,而且一直是男性。但如果你在幾年前詢問他的性別認同,他會回答「女性」。那個時候,他的性別認同並未反映他的真實性別。

這本書的編輯之一梅兒曾告訴我一個故事,反映出社會性別和性別認同的不一致。梅兒說:「我六歲的時候,如果你問我的性別,我會告訴你我是女生,因為那是我的性別認同(是我形容自己時最熟悉的標籤)。後來我學到了一個更符合我的認同詞彙(男孩子氣的女生),才意識到其實我的性別一直都是男性化的女性。」

然而,將「認同」這個詞彙加諸於跨性別者／非順性別者身上的情況,並且以動詞的形式出現,往往會削弱跨性別者／非順性別者被認可的感覺。

這種說法,宛如跨性別者／非順性別者不能像順性別者一樣擁有性別,只能有被指定的生理性別和他們的「性別認同」。相反的,順性別者被提及時,一定會有自己的「性別」。這一點可能會讓人沮喪,因為這意味著非順性別者的性別比較不具正當性,或不像順性別者的性別那麼的與生俱來。

我們應該怎麼做？

如果以正確的方式使用，「社會性別」和「性別認同」都是非常強大的專有名詞。我們應該開始注意何時以及如何使用這兩個詞彙。首先，我們可以問問自己幾個問題：

- 我是不是只有／經常在談論跨性別者／非順性別者時，（才會）使用「社會性別」和／或「性別認同」這些詞彙？

- 當我談論到跨性別者／非順性別者時，是否曾使用「性別認同」來代替「性別」一詞？

- 我是不是總是把順性別者人描述為具有「性別認同」，而非具有「性別」？

上述任何一個問題，如果你的答案是肯定的，可能就需要重新評估自己使用這兩個詞彙的方式。在論及跨性別者／非順性別者時，同時使用這兩個詞彙（而非僅僅使用「性別認同」），能夠讓他們覺得自己的身分認同被認真看待，就像順性別者一樣。除此之外，在提及順性別者時，同時使用這兩個詞彙（而非僅僅使用「性別」），可以提醒順性別者：他們的社會性別也是自己的性別認同，並沒有比跨性別者／非順性別者更自然或與生俱來。

性別氣質（Gender expression）是什麼？

接下來讓我們討論性別氣質。性別氣質是個人對自身性別的表達，是個人對自己性別的認知與表現。這種表達可以包括但不限於服裝、語言、肢體語言、聲音、姓名、名字、代名詞、化妝品、藝術偏好、裝飾和髮型等元素。

性別氣質可以是私密的：

- 以特定的聲音進行思考。
- 在腳趾上塗趾甲油，雖然你打算將腳趾藏在鞋子裡。
- 穿上除了你之外沒人看得見的內衣褲。
- 獨自玩線上遊戲，選擇與你性別相符的虛擬身分／使用你喜歡的代名詞。

性別氣質也可以是公開的：

- 選擇較有男子氣概的名字。
- 以陰柔的方式梳妝打扮和／或留長頭髮。
- 使用認為符合自己性別的古龍水／香水。
- 同時穿上女性化和男性化的衣裝，表現雌雄同體的特質。

人們經常以性別氣質來展現自己的性別，透過這種方式提醒別人自己希望如何被看待，並且在提到他們時應該使用什麼樣的語言。對某些人而言，性別氣質非常重要，以正確的方式表達出他們的性別[48]，能夠讓他們：

---

48. 中文有時會用「性別」來指稱「社會性別」。

- 覺得與自己的性別產生聯繫，並且得到肯定。例如：「塗上口紅讓我覺得自己像個女人。口紅閃閃動人、色彩明亮，而且充滿女人味。我的意思是，如果我不適合塗口紅，為什麼塗上口紅的我看起來如此美麗？！」

- 感覺自然。例如：「在我這一生中，別人都期望並強迫我穿得『像個男孩』，但現在我已經接受了自己，我可以穿任何想穿的衣服，不再需要穿上有如戲服一般的『男性服裝』。我是中性人，喜歡雌雄同體的穿著打扮，所以我就要這樣穿！」

- 紓解性別焦慮。例如：「我不喜歡自己的身體，但有時候我會坐下來畫出我認為真正的自己。這麼做讓我很開心。」

- 被別人以正確的性別看待。例如：「當我穿得像男孩子時，人們會使用『他』這個代名詞來稱呼我，那真的是最棒的感覺！」

- 覺得從社會的壓力和期望中解脫。例如：「我是性別流動者。要了解我的性別，可能就像坐雲霄飛車一樣，而試圖符合社會的期望，更是讓我筋疲力竭。有一天，我決定把那些壓力全都扔出窗外，穿上我真心覺得可愛的衣服。我無法形容那種感覺，從那個時候開始，自己多麼充滿力量、多麼自由自在！只有我可以決定自己看起來如何，不容他人置喙。」

　　正如前面提到過的，社會對於不同性別「應該」如何表現，有數不清的看法。這就是為什麼市面上有那麼多具有「性別」的產品，從服飾、化妝品、剃刀、耳機、防晒乳、筆、書籤、蠟燭、啤酒，甚至到三明治，這些商品全都被性別化！當廠商將商品依二元化性別做區隔時，無異在消費者身上加諸龐大的壓力，規定什麼樣的性別就應該買什麼樣的商品來表達自己。

「⋯⋯有沒有搞錯？男士必點？這不過是漢堡，為什麼要把食物性別化？明明是大家都能吃的東西呀？真是胡鬧⋯⋯」

我忍不住想要發牢騷。依我個人的看法，一間公司或一個品牌替某個沒有生命的物體決定性別，實在非常可笑。我試著整理思緒，原本想寫出一些比較清晰簡要的批判，但我實在太生氣了，最後變成漫無邊際的離題怒斥。因此，我在這裡介紹羅文給大家。羅文是網路作家，經常透過酷兒女性主義者的角度，以充滿智慧又明確有力的方式發表評論[49]。

 OUR STORY 我們的故事

羅文：別再因為性別而對孩子做出無意義的限制

只要一宣告寶寶的性別，大家就會突然變成算命大師。

「是男孩？！不久之後，他就會踢著球到處跑來跑去！他會像他爸爸一樣瀟灑風流！」

---

49. 羅文（Rowan）的網站：http://bit.ly/1TSQ70B

「是女孩？！我敢說媽媽肯定很開心。她一定會長得非常可愛！等到她開始帶男朋友回家時，爸爸就要開始操心了！」

上述這些傳統的陳述，在懷孕期間公開寶寶性別時，似乎是簡單的慶祝方式，而且逗趣可愛。但是，歷史學家喬·包萊蒂（Jo B. Paoletti）認為還會有其他影響。在寶寶出生前就先得知性別，會讓你提早開始購買具有性別選擇的商品。

在滿懷喜悅進入產房之前，你和你的親朋好友可能已經替寶寶買好了衣服、玩具、嬰兒車和嬰兒房的各種裝飾品。根據包萊蒂的看法，這種自一九八〇年代開始就可預測嬰兒性別的技術，讓行銷人員和製造廠商抓緊機會，將區分性別的商品販售給驕傲的準父母。

選擇粉紅色或藍色的獨角獸、洋娃娃或玩具卡車、要當護士或醫生、扮成公主或打擊怪獸，這些從寶寶出生第一刻就必須面對的事物，創造了一個性別二元化的框架，自此伴隨他們一生。

從表面看來，這些東西既自然又無害，不過最近有一則令人驚訝的報導指出：粉紅色並非原本就是女性化的顏色。事實上，在不到一百年之前，粉紅色是高度男性化的色彩。然而那些區隔性別的商品——給男孩的科學類玩具、給女孩的化妝包玩具，甚至有文具品牌推出女性專用筆，以及將女性產品賣得比男性商品昂貴的「粉紅稅」——都限制了人們對於性別的體驗和理解。

每當有人提到以性別中立的方式教養孩子，或者討論二元化性別的專制武斷，就會遭到其他人批評為「硬把自己的看法塞給孩子」。然而大家沒有發現，「規範」本身也是一種意見。而且，解構二元化性別，至少是一種自由的選擇，可以讓孩子不需被強迫接受毫無意義的限制。

最後，我們不應該讓社會迫使我們以特定方式表達自我。我們可以穿上自己喜歡的衣服、發出自己喜歡的聲音、噴上自己喜歡的香水味。

對某些人而言，女孩子的外型可能是這個樣子：

對另外一些人而言，女孩子的外型可能是這種樣子：

人們決定以某種方式表達自我，背後可能有複雜和多樣化的原因：安全感、服裝規範、父母壓力、希望被人重視、財力、擁有的管道、文化、宗教以及其他多種因素，都會影響一個人表達自我的方式。接下來，萊利會分享哪些因素會影響她如何表達性別氣質[50]。

---

50. 萊利（Riley）的twitter：http://bit.ly/2ctjXfs

OUR STORY 我們的故事

萊利：表現出自己真心想要的模樣

　　坦白說，我表達性別的方式變化極大，取決於我和誰在一起。身為一個出生時為男性之人，我有比較多男性特徵，因此，表現出女性化對我來說是相當危險的。別人走過你身邊時露出嫌惡的表情或竊竊私語，都只是小事，但有很多人會毆打甚至殺害跨性別女性，尤其是外表明顯的跨性別女性。我很清楚這一點，因此在性別氣質上，我一直表現得比內心希望的更陽剛且中規中矩，主要原因就是為了保護自己。

　　然而，當我有機會表現出自己真心想要的模樣時，我傾向選擇與女性相關的裝扮：眼線、大挖背式的女性背心、單側露肩的寬鬆運動衫、瑜伽褲、熱褲、女靴等等。穿上這些服飾讓我感覺非常舒坦，因為這時候我才覺得人們會以我看待自己的方式來看待我。然而，我不認為這些服飾對於我的性別認同是必要的，因為無論我身上穿什麼衣服，我就是我。

　　我和其他跨性別女性最大的不同點，是我從來沒有想要更改名字、服用女性荷爾蒙或者動變性手術（部分的原因，也許是因為我喜歡「非二元化性別」的標籤，而非跨性別女性）。當然，跨性別者有那些想法也沒有什麼不對——只不過我沒有那種想法，我以前也從不認為自己會選擇那些方式。不過，現在

我已經決定去接受變性手術了，時間就安排在不久之後。對我來說，這麼做可以讓別人看見真正的我，我也可以安全的以我想要的方式展現自我。

萊利提到了一個有趣的觀點：別人如何看待我們，不是我們能控制的。性別表達就是我們對外展現自己的方式，意即我們在日常生活的世界中如何表現我們的性別。這包括了我們試圖溝通表達的面向，以及我們無意傳遞出去卻被他人接收的訊息。比方說，即使萊利表現了女性化的一面，她知道有些人還是把她視為男性。這說明了外表與社會性別不一定一致。

我們可以從萊利的故事看出，她顯然思考過許多與性別氣質有關的事，然而並非每個人都這麼做。有些人選擇穿上某種服裝、使用某些化妝品或香水，理由可能都與性別無關。他們不覺得自己的裝扮和性別之間具有連結，也不在乎別人如何看待他們的性別。這也完全沒有問題。艾傑就是一個不大關心性別氣質的人[51]。

OUR STORY 我們的故事

艾傑：管他的，我要穿自己想穿的衣服！

在成長過程中，我從來沒有真正認同過任何一種「風格」。十四歲那年，我的朋友介紹我穿裙子。我非常喜歡穿裙子，但我從來不覺得穿裙子是一種女性化的表現，只覺得「嘿！我穿起來很好看！」那段時間是我的裙子時期。

兩年後，我發現自己愈來愈喜歡穿襯衫和不分性別的服飾。在這段時間，我也開始教育自己性別觀念。性別對我來說是全新的概念。當我穿衣服時，我會認真思考自己的性別，因為服裝讓我在潛意識裡賦予自己性別角色。我把中性的衣服貼上「男裝」的標籤，把裙子貼上「女裝」的標籤。

那是一個令我困惑的時期。我可能穿著中性的服裝，但覺得自己和以前一樣「女孩子氣」；我可能穿著「女性化」的衣服，但覺得自己和以前一樣「男孩子氣」。我愈思考性別問題，就愈把衣服區分為二元化的性別類型。我認為

---

51. 艾傑（AJ）的網站：http://bit.ly/2cxCaXO

自己透過穿著打扮所表現的性別，與我當時的社會性別具有關聯性，這就是我的「性別氣質」。

不久之後，我意識到自己在穿著打扮方面施加了不必要的壓力，因此我告訴自己：「管他的，我要穿自己想穿的衣服！」最近我剪短了頭髮，純粹因為我高興。我以前從來沒有剪過短髮，所以想嘗試一些新的體驗！現在，我把這種行為稱為「自我表達」，而非「性別氣質」，因為我不認為服裝或髮型一定與我的性別有關。

最後，性別氣質是一個複雜的問題，有時候它可以代表一個人的性別，有時候不能。每個人都可以決定自己要如何表達性別，並決定他們的表達方式與自身性別之間的關係。

適合自己的代名詞

許多語言都有「文法性別」。「文法性別」是一種簡單的名詞分類系統，將名詞區分成不同組別，並提供它們與其他詞彙（例如形容詞、冠詞、代名詞、動詞等）之間的協定制度。有些語言對所有事物都區分性別，即使是那些事物與男性或女性沒有強烈的文化關聯。以法文為例，椅子是陰性，飛機是陽性。這是很好的例子，可說明詞彙的文法性別與實際的性別關係不大，只與分類規則及詞彙彼此間形成協定有關。

和世界上許多語言不同，現代的英文沒有文法性別，但很多代名詞都有很強的性別連結，這一點可能會讓人驚訝。然而，英文代名詞的性別，純粹是社會規範，而非文法規範。

說到代名詞，我們先來定義什麼是代名詞。當名詞不使用其專有名稱的時候，可以用代名詞來指稱。兩種最常用來指稱別人的代名詞，包括：

代名詞	主格	受格	所有格	所有格代名詞	反身代名詞
他 He	He	Him	His	His	Himself
她 She	She	Her	Her	Hers	Herself

在英語系社會中,「他」通常用來指稱男性,「她」通常用來指稱女性。因為如此,代名詞經常被人當成性別氣質的一種形式。使用正確的代名詞可以幫助某些人肯定自己的性別,因為他們被認知和指稱的代名詞,是他們覺得可以代表自己的類別,這就是代名詞對某些人非常重要的原因。不過,一個人的代名詞也可以與他們的性別無關(你不明白為什麼有人會選擇使用與自身性別無關的代名詞嗎?請往下閱讀!我們很快就會深入探討)!

代名詞	主格	受格	所有格	所有格代名詞	反身代名詞
他們 They	They	Them	Their	Theirs	Themselves

人們選擇使用「they」(他們)這個代名詞可能有許多理由,其中一種可能性,是「they」沒有性別上的暗示。因此,如果某人是「性別中立」,或者希望保持性別的模糊性,就可選用「they」這個代名詞。

常見的誤解是,大家認為「they」在文法上只能指稱複數名詞,不能指稱單數名詞,這是不正確的觀念。事實上,創立一百二十七年的美國方言協會(American Dialect Society)才將「they」選為二〇一五年的年度詞彙,只不過這個詞彙獲得該項榮譽不是因為原本的用法,而是因為they可用來指稱性別中立的單數名詞。例如:「我有一位很獨特的朋友,他們的名字是卡登。他們很酷,對自己的性別不斷提出質疑。他們超讚的!」向這個代名詞致敬真是一個重要時刻!如果超過三百位文法專家和語言學家都認同「they」是一個有效的、性別中立的單數代名詞,誰有資格多加爭辯?

對於那些不想使用「they」但仍在尋找性別中立代名詞的人，還有其他幾種很棒的選項，包括 [52]：

e／em／eir／eirs／emself
ey／em／eir／eirs／eirself
ey／em／eir／eirs／emself
hir／hir／hir／hirs／hirself
xe／hir／hir／hirs／hirself
xe／xem／xyr／xyrs／xemself
xe／xim／xis／xis／xirmself
xe／xir／xir／xirs／xirself
xie／xem／xyr／xyrs／xemself
zay／zir／zirs／zirself

ze／hir／hir／hirs／hirself
ze／zir／zir／zirs／zirself
ze／zan／zan／zans／zanself
zed／zed／zed／zeds／zedself
zed／zed／zeir／zeirs／zeirself
zhe／zhim／zhir／zhirs／zhirself
zhe／zhir／zhir／zhirs／zhirself
zhe／zir／zir／zirs／zirself

到目前為止，我們已經探索了許多代名詞的選項，而且我們認知這些代名詞與男性／女性之間的社會關聯性。

話雖如此，最重要的是了解人們可以使用任何一種讓自己得到尊重的代名詞。畢竟，代名詞只是用來指稱最能代表其所指對象的溝通工具，因此，如果有人覺得某個代名詞最適合他們，他們就應該使用那個代名詞，即使不符社會規範。這意味著跨性別男性可以使用代名詞「ze」、性別流動者可以使用代名詞「她（she）」、半女性可以使用代名詞「他（he）」……等諸如此類。

起初，我很難理解為什麼有人要選用違背社會規範的代名詞，然後有一位朋友與我分享了一則比喻，讓我因此理解了箇中緣由。

代名詞就像任何形式的性別氣質。以服裝為例，雖然社會對特定性別之人應該穿什麼和不該穿什麼有無數種規範和期待，你還是可以嘗試穿上自己喜歡的衣服。你會發現某些衣服很適合你，而且你在穿上之後會覺得「感覺

---

52. 有一個名為「代名詞更衣室」的酷網站，可讓你嘗試和體驗不同代名詞：http://bit.ly/2cGrB59

對了」。即使那些服飾原本是屬於「另一種性別」的人穿的，也不該因為這種理由就阻止你穿上那些衣物。

有些人選擇穿上「另一種性別」的衣服，並不是因為那些衣服讓他們「感覺對了」，而是因為扭曲性別很有趣。對他們而言，將性別氣質區分為兩種僵化的類別，既武斷又充滿限制。例如，一個跨性別男性穿上從「女裝部」買來的衣服，因為「為什麼不能換個樣子？期望男人就應該穿些什麼，全是愚蠢的想法。我要以自己的表達方式擺脫那種期待！」

服裝方面的比喻，也可以應用在代名詞上。畢竟，對於我們許多人來說，代名詞是一種性別氣質的形式，人們想如何表達自己的性別，沒有所謂「正確的方式」。多麗是一個不願順從代名詞規範的絕佳例子。她是非二元化性別，並且自己選擇了使用她（she／her）這個代名詞。以下是她的說明。

OUR STORY 我們的故事

多麗：當我使用這個代名詞，就會覺得自己充滿力量

　　說起我的性別，根本從來沒有所謂的一致性。有時候，我身上穿著洋裝，心裡卻想著該不該動手術割除乳房；有時候，我穿上西裝打著領結，心裡想著：如果當女人的感覺如此痛苦，為什麼當男人也不如我想像的那麼美妙？在我的性別經驗中，唯一不變的是一種奇怪的感受——那是一種陌生感、特殊感，以及偏離規範的感覺。

　　這並非意味著我認為性別特殊是不正常的。事實上，我會說這種體驗十分常見。性別酷兒的感受，就我個人的定義，單純只是性別經驗比較特殊，造成一個人內在認同與社會價值和期望之間產生認知的不和諧。

　　對我來說，代名詞在這種自我概念中不具任何影響性。在事實上，我發現自己對於代名詞毫不在意，因為代名詞是嚴格區分性別的社會指標，而我在這種社會中毫無立足之地，因此我使用「她（she／her／hers）」這個代名詞，並非像許多人一樣是因為「感覺對了」，純粹只是為了方便起見。大部分的人看見我時，不會問我關於代名詞的問題，而是直接將我當成女孩子，通常我也不會多加反駁。為什麼？因為這麼做可減少不和諧的情況發生，也讓我能夠保持理智。

　　然而在另一種衝突感中，使用「她」這個代名詞也讓我陷入更深層的不和諧，強烈混淆我堅決反對「順應」二元化性別與二元化代名詞的立場。然而任何人都可以使用自己希望使用的代名詞，因此當我這麼做的時候，就會覺得自己充滿力量，而且進一步了脫離社會既定的標準。

　　每個人都有充分的自由來選擇能夠表達自己的代名詞，重要的是，我們必須了解：對跨性別者和非順性者而言，代名詞是非常嚴肅而且私人的選擇。請尊重別人使用的代名詞：

- 如果你不知道某人所欲使用的代名詞，盡量不要自行假設。可以考慮直接稱呼他們的名字，或是使用性別中性的代名詞，或直接破冰，先向對

方介紹你使用的代名詞。例如:「嗨,我叫艾胥莉,我使用的代名詞是『她(she／her)』或『他們(they／them)』。你喜歡我用什麼名稱／代名詞稱呼?」

- 當有人告訴你慣用的代名詞時,請謝謝對方的提醒,並盡量在提及對方時使用那個代名詞。

- 如果不小心使用了錯誤代名詞,請坦承錯誤,向對方道歉,然後繼續交談。

- 不把代名詞當成取笑跨性別者／非順性別者的武器。例如:「我的自我認同有一部分是烤麵包機,另一部分是特殊雪花,所以我的代名詞是烤麵包。」用這種方式取笑被邊緣化的社群,並不有趣。

- 請注意,有些人認為,假如順性別者基於「正義感」而使用非傳統的代名詞,或者以此方式與跨性別者／非順性別者聊天,就可以消除跨性別者／非順性別者所面對的壓力。但我們應該記住:每個人都應享有基本權利,並牢記某些行為可能反而會貶低別人的感受[53]。

---

53. 身為順性別者以及出於「正義感」而使用非傳統的代名詞,與因為「對自己的性別產生懷疑」和／或「仍在摸索性別」是不同的。「對自己的性別認同產生懷疑」和「為了更認識自己而嘗試新事物」是好事!

最後，代名詞可能對你很重要，也可能不重要；代名詞可能足以表達你的性別，也可能無法代表什麼。最重要的一點，就是保持尊重的態度，並且使用你認為最適合自己的代名詞。代名詞代表了指稱別人的最佳詞彙，只有被指稱的對象，才能決定什麼是最正確的方式。

　　同樣的，不要因為要求別人使用你選擇的代名詞而感到不好意思。你值得受到尊重，你的認同也值得受人肯定。無論你認為哪一種代名詞適合自己，你的感受都應該被認同。

第二部

性 別

我覺得自己的身體裡面有各種不同的面向與感受會同時發生,有時候非常強烈明顯,有時候又幾乎沒有感覺,而且總是以微妙的方式進行轉變。

2.2
認同與專有名詞

什麼是順性別、轉換性別、跨性別、非二元化性別認同？
身為性別流動者、雌雄同體的感覺
認識無性別者、中性者

我們已經討論了生理性別、社會性別、性別氣質和代名詞的定義，也解構了社會對這些概念的一些看法，現在讓我們繼續深入學習其他各種專有名詞！

進一步了解細節之前，我必須再次強調：這本書不是用來在任何人身上貼標籤、讓人覺得不舒服。下面我只提供一些最常見的專有名詞，不過，不同的人可能會以不同的方式對這些詞彙產生認同。任何一種標籤都無法完全定義一個人的身分，有些人可能「符合」某種標籤的「定義」，但仍不願使用那個標籤，因為他們未與那個標籤產生共鳴。這樣完全沒有問題！

你大概也已經注意到，許多標籤的定義似乎重疊了，這可能讓人覺得困惑。確實有許多類似的標籤／專有名詞／性別，然而對某些人來說，那些標籤彼此間仍有些微但重要的差異。你不必了解每一種標籤（又不是考試），只需明白不同的人會以不同的方式與這些不同的詞彙產生連結。

最後，如果你閱讀這些專有名詞時，發現無法理解，或是感到困惑，我想給你一些鼓勵：你擁有好奇心，並且以開放的心胸看待不同的身分認同，就已經非常棒了，不需要成為這些專有名詞的專家。只要把這份專有名詞清單當成參考資料，無須牢記在心。另外，請務必繼續探索自己的身分認同，並且在發現自己的新面向、找到自己性別的新定義或新描述時，自由轉換適合自己的標籤。

順性別者（Cisgender／Cis）：當一個人表示自己是「順性別者」時，意味著他們完全認同自己出生時的性別／性。例如：我最好的朋友艾蜜莉出生時為女性，她也認同自己是女性，因此她是順性別女性。

男性（Man）：男性就是認為自己是男人的人。完畢。

女性（Woman）：女性就是認定自己是女人的人。就這麼簡單。

說實話，二元化性別可能是我在整本書裡覺得最有趣的身分認同。如我們前面所學到的，「男性」和「女性」這兩種身分認同被綁著許多不必要的、結構上的、文化方面的期望，但要成為兩種性別的任何一種，就只需要這麼簡單的認同方式。

現在是我們開始尊重並相信他人經歷的時候了,假如一個人表示自己是某種性別,我們就應該加以尊重,畢竟這些標籤都是主觀的,誰有資格說哪一種性別認同絕對比另一種性別認同更值得認可?

說到二元化性別以及人們對性別標籤的不同解釋,以下是切斯分享身為男性對他而言的意義。

OUR STORY 我們的故事

切斯:身為男性所背負的刻板印象

「身為一名男性」或者「成為一個男人」,在社會上有許多先決條件和期望。人們認為男生應該要有強悍的性格、居於主導地位、要將女性物化,並且具備男子氣概。但男子氣概是什麼?只有男性可以有男子氣概嗎?身為男性,根本與男子氣概、性格強悍、居於主導地位無關,甚至和你與生俱來的生殖器官也無關。

對我而言,身為男性,只與我在世界是否舒服自在有關。當人們使用「他」這個代名詞來指稱我的時候,感覺是對的。身為一名非常女性化的跨性

別男性,我可以證實一件事:社會期待我表現強悍,並且「像個男人」,才能讓這世界以我真實的模樣看待我。

這就是社會上存在多年的「有毒的男子氣概」。當人們相信成為男人的唯一方式就是遵循男性「傳統的」男子氣概典範時,有毒的男子氣概就玩弄並傷害追尋它的人。以我們小時候被教導的性別角色為例,當大人告訴小男生「不可以娘娘腔」而且「要有男人樣」的時候,會讓小男生認為他只可以「有男子氣概」,其他樣貌都是不可取的。因此,這樣的小男生長大之後便深信只有一種方式才能成為男人。

然而,身為一名男性,應該傾聽自己的身體、理解自己的感受,並選擇自己在這世界存在的方式。對我而言,身為男性也包括為弱勢族群挺身而出、給予他們發光和表達自我的空間。請記住:大多數的人對於男子氣概的看法,完全取決於小時候被教導的內容,但成為男人,不代表你真的必須背負那些刻板印象。

現在我們已經涵蓋了一些更受廣泛認知的專有名詞,讓我們轉換性別[54]並深入探討一些錯誤和代表性不足的性別認同吧。

為了更理解跨性別者的身分認同,我們來看看一些跨性別者的專有名詞[55]。

> **性別焦慮(Gender dysphoria)**:因為自身性別與出生時的性/性別不符而苦惱或不快樂。

性別焦慮主要有兩種:

- 社會型性別焦慮:這種性別焦慮是因為社交方面的問題而引發。例如:陌生人主動認為你是某種你不屬於的性別,你在這種情況下產生的焦慮,就屬於社會型。

---

54. 開玩笑的!
55. 概括性用語:可以描述或提及不止一種身分認同/性傾向/族群的詞彙或慣用語。本書中許多概括性用語可以用來指稱兩種特定性別認同,或者專指一種性別認同。概括性用語十分有用,因為可以幫助我們分類、理解和指稱多種族群之人,同時又允許模糊地帶和自主性的存在。

- 身體型性別焦慮：這種焦慮與身體有關。當性別認同與外表發生衝突時，就會產生這種情況。例如：一個跨性別男性在擁抱別人時，可能會發覺自己的胸部比他認為該有的尺寸還大，因而產生焦慮。

可能許多人都聽過變性人闡述自己彷彿「被困在錯誤的身體裡」，有些跨性別者真的有這種感受（而且完全可以理解），但也有許多跨性別者沒有這種感覺。雖然媒體都習於如此描述跨性別者的心情，這並非跨性別者唯一的感受。

每一位跨性別者經歷的性別焦慮都不同。對某些人來說，性別焦慮只是小小的不滿；對於其他人來說，卻是一種強烈的、深刻的悲傷。更重要的是，也有一些跨性別者很少經歷甚至完全沒有性別焦慮，因為性別焦慮並非跨性別者必然經歷的問題。以下是米洛分享他關於性別焦慮的獨特經歷[56]。

OUR STORY 我們的故事

米洛：我如何面對性別焦慮

產生性別焦慮，是跨性別者體認自己性別認同的常見方式。我們不難理解，因為不喜歡自己與生俱來的生殖器官，因而對其出生時被指定的性別

---

56. 米洛（Milo）的Youtube頻道：http://bit.ly/2c9CFbn

不具認同感。然而，許多跨性別者不會經歷太強烈（如果有的話）的性別焦慮，因為他們可能以不同的方式找到自己的性別認同。

舉例來說，我經歷過性別陶醉之後，才意識到自己的社會性別，那是一種確定自我性別的情緒感受。我初次體驗這種情緒感受，是某個小孩因為我蓄短髮而嘲笑我像男生。臭小子，你才可笑呢！

雖然我可以具體描述我關於性別經歷，但有些人仍認為我「不是真正的跨性別者」或者我「只不過是一個轉換性別的人」，純粹因為我沒有經歷過相當程度的性別焦慮，就認定我不是跨性別者，這一點很讓我很沮喪，因為對我說這種話的人，通常會認為我不曾因為身為跨性別者而經歷掙扎。

我相信所有的跨性別者都會因為自己的性別認同而經歷掙扎，但我不認為跨性別者應該以這種消極的方式加以定義（或者以這種標準加以界定）。畢竟，社會性別不是由生殖器官來決定，所以一個人對自己的生殖器官有什麼樣的感受，又有什麼關係？雖然我的女性聲線沒有讓我感到焦慮，但聽見別人以「她」來稱呼我的時候，確實會對我產生影響[57]。不過，就算如此，也不應該拿我的性別出來公審。

性別陶醉（Gender euphoria）：因為性別得到肯定而產生極度快樂或舒服的感受。止如米洛所言，性別陶醉與性別焦慮是相對的，而且和性別焦慮一樣，性別陶醉也可能因社交情境或身體因素而引發。例如：一位跨性別女性第一次化妝並覺得自己漂亮，或者同學開始以正確的代名詞指稱其跨性別友人，讓對方因此感覺受到肯定。

---

57. 這就是性別焦慮的實例。

轉換性別（Transition）：接受自己和／或追求變化以確認自身性別和／或緩解性別焦慮的過程[58]。轉換性別通常會改變一個人的身體表現，但不僅限於此。

以下舉例幾種轉換性別的方式：

---

58. 在「接受自己和／或追求改變的過程」中，「和／或」非常重要。就像我們之前所提到的，每一位跨性別者的經歷都不相同，有些人可能會藉由接受自己和追求外在改變（例如身體、名字、代名詞等）來轉換性別，有些人可能只做其中一種。對於某些人來說，接受自己就是他們轉換性別的過程中唯一需要的感受。他們可能很滿意自己的身體／名字／代名詞等，沒有改變這些的打算。有些人可能根本不使用或認同「轉換性別」這個詞彙，即使他們已經、正在和／或打算做出上述的行為。更重要的是，有些人可能改變了身體／名字／代名詞等，但仍然在接受自我的過程中掙扎。接受自我並不是轉換性別或開始轉換性別的必要條件。我最後要說的是，就算只是考慮轉換性別的人，也必須明白轉換性別對每個人而言都是非常獨特且個人化的經驗。

- 束胸／夾住陽具
- 「上半身手術」（乳房切除／增大）
- 「下半身手術」（生殖器手術）
- 荷爾蒙（荷爾蒙替代療法，hormone replacement therapy，簡稱HRT）
- 轉換代名詞
- 選擇新名字
- 改變穿著打扮
- 剪短／留長頭髮
- 訓練說話的聲音
- 正式改變法律上的性別或名字
- 允許自己透過自認為正確的方式認同自己
- 喜愛並接受自己的模樣
- 培養性別認同，以自己為傲
- 其他更多轉換性別的方法！

沒有「正確」的轉換性別方式。有些跨性別者可能會採行上列清單中一些方法，有些人可能不會採用。一個人如何呈現或表達他們的性別，不會因此就讓他們的性別變得更正常或不正常。以下是萊恩解釋他的性別氣質如何受到性別認同的影響[59]。

 OUR STORY 我們的故事

萊恩：我以身為跨性別者為榮

　　十六歲的時候，我考慮開始施打睪固酮。我當時認為，施打睪固酮之後，這個社會就更容易把我當成男性，我的生活也會容易一些。然而那是一項重大的決定，而且我遭遇很多障礙，因此我最後決定等自己長大一些才開始使用荷爾蒙。

　　現在，我很高興自己決定暫緩了計畫，因為十八歲的時候，我已經不再想著要施打睪固酮了。如果你問我有時候會不會希望擁有鬍子和更男性化的身材，答案是肯定的，但我不希望我的歌聲受到影響，而睪固酮會改變我唱歌的嗓音。

---

59. 萊恩（Ryan）的個人網站：http://bit.ly/2cmHtNL

不過，雖然我沒有透過施打睪固酮來轉換性別，不代表我沒有採行其他方式。十八歲的時候，我終於動了乳房切除手術，讓我擺脫胸部帶來的性別焦慮。接受乳房切除手術是我必須為自己做的事，而施打睪固酮只是我想要取悅社會的方法。這點讓我意識到，我應該只為自己轉換性別。我必須遵循適合自己的道路，而不是讓身邊的人比較容易接受我。今天，我以身為跨性別者為榮，也很高興我遵循著自己的道路前進。我接受了自己，這才是真正重要的事。

如前面提到的，「跨性別者」這個詞彙可以是一個概括性用語，這意味著它可以涵蓋許多不同的性別認同。接下來讓我們來看看跨性別者這個概括性用語底下所涵蓋的一些性別認同。

跨性別男性（Trans man）[60]：出生時為女性的男性。跨性別男性可能會選擇轉換性別，也可能不會。

從女性變男性者（FTM）[61]：這個詞彙是female to male的縮寫，有時用來指稱跨性別男性。

跨男性（Transmasculine）：用來描述出生時為女性，而且具有顯著陽剛特質和／或以他們認為陽剛的方式表現自我之人。雖然跨男性之人覺得自己與男性特質具有連結，但可能不認為自己有一部分或完全是男性。跨男性包括：

- 跨性別男性

- 半男性（Demiguys）[62]

- 認為自己男性化的非二元化性別者

---

[60]. 這個專有名詞有時候拼寫為「transman」。有些人不喜歡這種拼法，因為感覺像是把「trans」當成形容詞，像黑人男子（black man）或酷兒男子（queer man）一樣。這是一種解釋某人具有交叉認同的方式。他們認為把「trans」和「man」結合在一起，意味著「transman」和「cis man」（順性別男性）是不一樣的。但其他人有不同的想法，他們喜歡把「transman」直接當成一個單字。有些人這麼做，是因為他們覺得「跨性別」身分和身為「男性」，同樣是他們性別的一部分。

[61]. 有些人不用這個詞彙，因為這個詞彙暗示著跨性別男性以前曾是女性。

[62]. 關於「半」這個詞彙，請參閱第106頁。

- 認為自己的性別偏男性化的非二元化性別者
- 認為自己偏男性化的多元化性別者 [63]
- 主要傾向男性的性別流動者 [64]

從男性變男性者（Male to Male／MTM）：出生時的性別為女性，但拒絕承認自己的性別曾為女性之人。他們從未與女性性別產生連結，因此不認為自己是FTM。有些轉換性別的MTM也會使用這個詞彙，因為他們轉換的不是生理性別，而是他們表現性別的方式。

跨性別女性（Trans woman） [65]：出生時為男性的女性。跨性別女性可能會選擇轉換性別，也可能不會。

從男性變女性者（MTF）：male to female的縮寫，有時用來指稱跨性別女性 [66]。

跨女性（Transfeminine）：用於描述出生時為男性，而且具有顯著女性特質和／或以他們認為女性化的方式表現自我之人。雖然跨女性之人覺得自己與女性特質具有連結，但可能不認為自己有一部分或完全是女性。跨女性包括：

- 跨性別女性
- 半女性（Demigirls）
- 認為自己女性化的非二元化性別者
- 認為自己的性別偏女性化的非二元化性別者
- 認為自己偏女性化的多元化性別者
- 主要傾向女性的性別流動者

---

63. 關於「多元化性別者」這個詞彙，請參閱第105頁。
64. 關於「性別流動者」這個詞彙，請參閱第116頁。
65. 這個專有名詞有時候拼寫為「transwoman」。有些人不喜歡這種拼法，因為感覺像是把「trans」當成形容詞，像黑人女子（black woman）或酷兒女子（queer woman）一樣。這是一種解釋某人具有交叉認同的方式，他們認為把「trans」和「woman」結合在一起，意味著「transwoman」和「cis woman」（順性別女性）是不一樣的。但其他人有不同的想法，他們喜歡把「transman」直接當成一個單字。有些人這麼做，包括這本書一位優秀的編輯愛里．艾爾利克，是因為他們認為「跨性別」身分和身為「女性」，同樣是他們性別的一部分。
66. 有些人不用這個詞彙，因為這個詞彙暗示著跨性別女性以前曾是男性。

> **從女性變女性者（Female to Female／FTF）**：出生時的性別為男性，但拒絕承認自己的性別曾為男性之人。他們從未與男性性別產生連結，因此不認為自己是MTF。有些轉換性別的FTF也會使用這個詞彙，因為他們轉換的不是生理性別，而是他們表現性別的方式。

目前為止，我們討論的內容主要是與二元化性別有關的跨性別認同。然而，跨性別的性別認同不僅限於男性和女性，某人也可以同時為跨性別者和無性別者、跨性別者和非順性者、跨性別者和性別中利者、跨性別者和超越性別者、跨性別者和雙性別者，以及跨性別者和三性別者……等。

> **變性人（Transsexual）**
>
> 這個詞彙有兩種常見的定義：
>
> - 性別與出生時的性／性別不同之人（與跨性別者相似）。
>
> - 經歷過某種類型的變性手術，或者希望接受某種類型的變性手術之人[67]。
>
> 未經允許，請不要稱某人為「變性人」。許多人反對使用這個專有名詞，因為：
>
> - 這個詞彙已經老舊，感覺過時了。
>
> - 這個詞彙具有強烈的醫學含義。
>
> - 這個詞彙以前曾經被人以無知、貶抑的方式使用。

> **出生時被指定為女性（DFAB／AFAB／FAAB）**：「designated female at birth」、「assigned female at birth」、「female assigned at birth」的縮寫。
>
> **出生時被指定為男性（DMAB／AMAB／MAAB）**：「designated male at birth」、「assigned male at birth」、「male assigned at birth」的縮寫。

---

67. 某人接受過變性手術，不等於就必須認為自己是變性人。此外，要注意的是，經過醫學手術變性之人，不會比沒有經過醫學手術的人更具有被認可的「跨性別」身分。跨性別領域並沒有階層之分，也沒有所謂「最好的」轉換性別方式。

非順性別者會使用上述的專有名詞來表達自己出生時被認定之性別／性。創造這些慣用語的目的，在於強調所討論之性別／性是由社會指定，而非反映當事人實際的性別。這些是人們應該使用的專有名詞，不該使用那些非常不正確和不貼心的其他用語，例如「某人出生時的性別」——這個詞彙意味著某人（無論為順性別者或非順性別者）出生時即為特定之性別，該性別並非由接生醫師所指定。因此，這個詞彙等於暗示跨性別女性在出生時不是女性。

　　與DFAB／AFAB／FAAB和DMAB／AMAB／MAAB相似但略有不同的專有名詞是……

> **出生時被強制指定為女性／出生時被強制指定為男性（CAFAB／CAMAB）：**
> 是「coercively assigned female at birth」和「coercively assigned male at　birth」的縮寫。這組專有名詞與前述詞彙最大的差別，顯然是增加了「被強制指定」一詞。這是為了突顯缺乏代理性的情況下，以強制的方式指定性別。

　　曾有一段時間，這些專有名詞引起強烈的爭議。有些人認為這些應該只適用在雙性人身上，因為許多雙性人被迫接受具侵入性及未經其同意的手術。畢竟，雖然跨性別者／非順性別者的性別也是以不義的方式決定，但過程比較具有指定或決定意味，醫生只是勾選一種性別選項，沒有改變其生殖器官。因此有些人認為，相較於跨性別者／非順性別者的情況，「強制性」這個詞彙比較能真實反映雙性人的處境。

　　有些人認為這種看法並不公平，因為這些專有名詞是跨性別者創造的。雖然他們不需忍受未經同意的手術，但他們的性別仍然是被強制指定的。

　　隨著時間的推移，大家似乎已經達成共識，也就是雙性人、跨性別者、非二元化性別者，以及任何非順性別者，都可以適用這些專有名詞。如果他們願意，可以正當的使用這些詞彙來描述自己。

　　然而，不可否認的是，雙性人和跨性別者／非順性別者經歷了形式截然不同的壓迫，因此有些人覺得，倘若雙性人願意，應該也要有自己的專有名詞來描述其獨特的經歷。於是，以下的專有名詞就被創造出來了……

> **出生時被指定為女性／男性的雙性人、出生時被強迫指定為女性／男性之人（IAFAB/IAMAB和FAFAB/FAMAB）**：「intersex assigned female/male at birth」和「forcibly assigned female/male at birth」的縮寫。

雙性人不一定要認同這些詞彙，但如果他們選擇使用的話也可以（因為任何人都可以選用任何標籤）！

以下是雙性人適用的專有名詞，但其他人如果恣意使用，就是文化剝竊。

> **雙性者（Bigender）**：具有／經歷兩種性別之人。
> - 這兩種性別可以是二元化的性別或非二元化的性別。
> - 一個人可以同時體驗兩種性別，或是兩種性別互相交替。
> - 一個人不必平均的體驗兩種性別和／或以相同方式體驗兩種性別。

例如：雙性人的兩種性別可以是男性和女性、非二元化性別和女性，或者是無性別和中性。

以下是艾克賽分享身為雙性人的感覺[68]。

OUR STORY 我們的故事

艾克賽：我出生時是女孩，現在我是男孩

你好，我的名字是艾克賽，我是雙性人。這表示我有時候是男性，有時候是女性，有時候我既是男性又是女性。我有百分之八十五是男性，百分之十是女性，其餘百分之五是雙性。我主要以男性身分展現自我，因為這樣會讓我感覺比較舒服。

為了更理解及更適應自己的性別，我一直在接受跨性別治療師的診治。醫生幫助我釐清應該如何繼續進行，我們討論過我是否要開始施打男性荷爾蒙、進行乳房移除手術，她也幫助我明瞭我內心的各種恐懼。如今我已經接受這個事實——是的，我出生時是女孩，但是就大部分而言，我是一個男孩。

---

68. 艾克賽（Axel）的Youtube頻道：http://bit.ly/2cHr1Hk

　　我已經決定,對我來說最好的選擇,是在接下來的幾個月開始接受荷爾蒙治療,並且到最後進行乳房移除手術。我很高興別人終於可以看見我每天在腦子裡見到的那個男孩。是的,我的女性面向仍會存在,然而從長遠的角度看來,我覺得這麼做會讓我最開心。我希望跨性別社區裡的每一個人都能擁有快樂和愛,而且對自己的性別感到自在。

三性人(Trigender):具有/經歷三種性別之人。
- 這三種性別可以是二元化的性別或非二元化的性別。
- 一個人可以同時體驗三種性別,或是三種性別互相交替。
- 一個人不必平均地體驗三種性別和/或以相同方式體驗三種性別。

多元性別者(Multigender/Polygender):具有/經歷多種性別之人。一個人可以因為具有/體驗未知或波動的性別種類而選擇這種性別認同。

泛性別者/全性別者(Pangender/omnigender):許多泛性別者/全性別者認為我們現今的性別知識是有限的,他們深信尚有我們未理解的性別,而且可能存在有無限多種性別。泛性別者/全性別者經歷許多種性別,有時候甚至是所有的性別。這些多性別的體驗可能同時發生,也可能一次只體驗一種。

關於這些專有名詞，需要注意以下的重要事項：

- 有些人認為這些標籤可能存在著潛在問題，許多人對於能夠體驗或擁有所有的性別抱持懷疑的態度。
- 此外，有些性別在本質上與特定文化及社會具有連結，倘若你不是那個文化或社會的一員，宣稱自己屬於那種性別認同即是文化剽竊。

因為有這些潛在的問題，以下的性別標籤於是被創造出來……

> **極大性別者（Maxigender）**：極大性別者經歷多種他們可擁有的性別，有時甚至是他們可擁有的所有性別。

- 這個專有名詞與前述標籤不同，因為它主動表示某些性別與特定文化及社會有關。極大性別者的性別僅包含自己可擁有的性別（意即沒有不當引用的問題）。例如：對於不是印度人或美國原住民的人來說，聲稱自己是海吉拉（Hijira）或雙靈（Two Spirit）[69] 就是文化剽竊，因為這些性別認同有明確的文化連結。極大性別者認知這一點，因此不會將這些性別涵蓋在不屬於這些文化的人身上。

> **半－（Demi-）**：對於提及之性別具有／體驗部分連結之人。例如：半男性（demiguy）、半男孩（demiboy）、半女孩（demigirl）、半非二元化性別（deminon-binary）、半流動性別（demifluid）、半無性別（demiagender）。

舉例來說，我個人就認同這個專有名詞。請容我詳細說明。

我覺得自己……有點像女生，但是也……有點不像。這種想法出現在我腦中的時候，是在一場派對上。

---

69. 由於我自己不屬於這些身分認同，也未能成功聯絡到屬於這些性別之人，因此這本書裡沒有對這些性別加以定義。如果你想更加了解它們，請自行研究！

那是一場大學派對，受邀者有男有女。我的朋友們將那場派對的主題設定為豪華、復古的賭場風格。在大家抵達之前，許多來參加派對的女孩子聚集在我們家的地下室，一起梳妝打扮。現場有很多化妝品和捲髮器，短短幾個小時後，每個女生都成功變身為性感女郎或迷人舞孃。因此，當我穿著西裝背心、長褲並戴著領帶上樓時，引起一陣小小的驚呼。

「妳戴領帶？」

「妳不能穿這樣啦！」

然後，有一句話在我心中引發了強烈又混亂的情緒。

「她當然可以啊。她是艾胥莉，她又不是真正的女生。」

雖然我知道我朋友只是想讓氣氛變得輕鬆，並且力挺我選擇自己喜歡的服飾，但我立刻打開了心裡的防禦機制。我的思緒浮現出一段冗長的內心獨白，內容大概如下：「我絕對是女生！或許我不像社會所期望的模樣，然而我以女生身分經歷的成長過程，塑造出我現在的模樣。身為女生讓我強大、體貼、富有同情心。如果剝奪了我的女性身分，我會覺得自己不再完整。我就是真正的女生！」

當我內心的思緒無聲的誇誇其談之前，另外一位朋友也跟著開口了：「才怪，艾胥莉當然是女生。凱特妳不要亂說啦。」

令人驚訝的是，我對這句話的反應竟然是：「不，我不是女生。」

以上是我對於自己性別認同所經歷過最困惑也最優柔寡斷的內心抗辯和解釋。一方面，我很肯定自己像個女人，但是另一方面，我又肯定自己不像女人。為什麼會這樣呢？

　　經過幾天的反思,我決定這個問題的答案是:因為我是女性,但在性別認同上也有一些非常無性別和性別流動的元素。很顯然的,當我被別人貼標籤時,我認為這些面向都能獲得認可是非常重要的,這就是為什麼只聽見「女性」這個詞彙時,會讓我覺得不大對勁。這也是讓我與「半女性」這個詞彙產生連結的原因。

> **非男非女(Aporagender)**:這是一種特定的性別認同,也是一個概括性用語,意指非二元化的性別,既不是男性也不是女性,亦非兩性之間的任何其他性別,但是仍具有強烈且特定的性別感受。
>
> **特異獨行者(Maverique)**:擁有自主性別、完全獨立於男女二元化性別以外之人。倘若性別是顏色,那麼特異獨行的性別就是黃色,不是來自於其他色彩的原色。

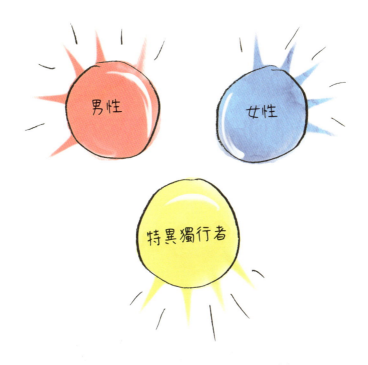

　　非男非女與特異獨行者是在幾乎相同的時間由不同人創造出來的，雖然確實有一些相似之處，但兩者各有其獨特的認同。它們除了有自己獨特的社群之外，兩者最大的差異在於一種可以當成指稱多種性別的概括性用語（非男非女），另一種則是專指獨特的性別（特異獨行者）。

　　雖然有這些區別，有時候還是可以依照個人偏好選用其中一個詞彙而不選另一個來描述自己的性別認同。有些人甚至同時認同非男非女和特異獨行，就好比有些人同時認同雙性戀和泛性戀[70]。

　　這本書優秀的編輯之一韋士柏，也是詞彙的創造者，在下一頁解釋了特異獨行者的意思[71]。

---

70. 關於雙性戀和泛性戀，請參考第147頁至第151頁。
71. 韋士柏的個人網站：http://bit.ly/1Pm4o4S

OUR STORY 我們的故事

韋士柏：我找不到任何詞彙可向其他人表達我的性別

🍀 我知道自己既不是男性也不是女性，也不是介於這兩種二元化性別之間的一種，亦非無性別，所以一開始我把自己的非二元化性別稱為「中性」。要將我的性別概念化，真的很困難，因為似乎所有性別，甚至非二元化的性別，都是透過某種方式從二元化性別衍生／源起（無論是將二元化性別組合、在二元化性別之間波動，抑或與二元化性別具有部分連結）。我知道自己的性別與那兩種性別毫無關聯，但我也絕對不是無性別者。

由於我對自己的性別有強烈的感受，加上後來我甚至強烈不認同其他的非二元化性別，以致我覺得非常疏離與孤單，就算和一群非二元化性別者在一起時也是如此。我找不到一個詞彙可以向其他人表達我的性別，但我最後選擇了「中性」，因為「兩者皆非」或「性別中立」似乎最接近我所感受的性別。

不過，在我將自己性別視為中性的那兩年裡，我也從不真正覺得這個詞彙是正確的，因為「兩者皆非」聽起來非常模糊，但我的性別根本不模糊；「性別中立」則仍然意味著與二元化性別有某種連結，或是對二元化性別有所評論，然而我覺得自己和二元化性別完全無關。因此，我繼續感到沮喪。

出於全然的憤怒和絕望，我決定用自己的話語創造出一個描述我一生所感受的性別，這個詞彙就是「特異獨行者」（maverique）。這是一個夾雜英文與法文的組合字，包括英文的「特立獨行」（maverick）與法文字尾「-ique」。

創造出特異獨行者這個詞彙，不僅讓我得以向別人表達我的性別，還讓其他人得以將我的性別轉達給更多人，進而幫助特異獨行者找到彼此，並且相互溝通。長久以來，我一直被遺棄在一個只有我自己的性別小島上，能夠在身旁找到特異獨行者這個新社群實在讓我難以置信。

人們經常低估一個詞彙和一種性別認同所具備的力量，然而創造出特異獨行者這種性別認同，讓我親身體驗到這股力量。我將永遠充滿自信，以自己的性別為傲，不僅因為我是非二元化性別者，更因為我是特異獨行者。

非二元化性別（Non-binary）：性別認同不在二元化性別內的特定性別認同及概括性用語。非二元化性別者可以既不是男性也不是女性、同時具有多種性別、在性別之間流動，或者是完全不同的性別。

非二元化的性別認同是一種獨特的體驗，以下是凱畢分享的內容[72]。

OUR STORY 我們的故事

凱畢：我一直在尋找能讓我感覺像自己的性別

在我成長的過程中，並沒有形容非二元化性別的詞彙，你只能是男孩或女孩，介於兩者之間的人就純粹是個人的特質，例如男孩子氣的女孩、娘娘腔的男孩。因此，在我人生大部分的時間裡，我的性別認同就是我出生時的性別。

非二元化性別對我來說，是我必須去挖掘的，它並沒有自動出現在我面前，也不是一個困難問題的解答。非二元化性別是我個人的延伸，它沒有定

---

72. 凱畢（KB）的個人Youtube：http://bit.ly/2bWq8pt

義我如何與人互動、我的種種感受，或者我要在星期六做什麼。它只是一種感受，好比我戴上眼鏡之後，才發現星星會閃爍、月亮有陰影，但這些都是原本就一直存在的事，只不過我後來才發覺。

我認為，與其說非二元化性別是性別的表達方式，倒不如說是一種解釋方式。我一直在尋找能讓我感覺像自己的性別。我向來不只有一種性別，現在我找到了一個能同時指稱多種性別的身分認同——非二元化性別。這個名詞包羅萬象，可以是雙性人，也可以是無性別者。終於有一個詞彙可以幫助人們理解，我的性別不光是在兩個框框中挑選符合我生殖器官的其中一個，然後打個勾勾。雖然我認同非二元化性別，但我很確定自己對它還沒有完全了解。不過，沒有關係。

在現實生活中，我仍使用我出生時所使用的代名詞，也仍然使用我被指定的性別，唯一的差別是，現在我已經擁有一個可以代表我的詞彙。對我個人而言，非二元化性別是一個幫助我更了解自己的詞彙。

> **非順性別者（Nb）**：這是non-binary的縮寫／暱稱／簡稱。
>
> **非二元化性別者（Enby）**：這是a non-binary person的俚語，出自nb的發音。例如：「非二元化性別者令人驚嘆！」（Enbies are amazing people!）
>
> **性別酷兒（Genderqueer）**：性別在社會二元化性別概念之外，或是超越二元化性別概念之人，通常不遵循二元化的性別。性別酷兒既是特定的性別認同，也是一個概括性用語，用來描述多種不屬於規範類別的性別認同、人物、表達方式等。
>
> **性別不符常規／性別多樣化／性別變異／性別延展（Gender Nonconforming／Gender Diverse／Gender Variant／Gender Expansive）**[73]：這些也都是概括性用語，用來指稱性別不同於社會二元化性別規範之人和／或如此表達自我之人。

這些專有名詞與「性別酷兒」之間的主要區別，在於這些詞彙雖然可指性別認同，但更常用來作為描述語（指特定之人、群體、服裝、表達方式、行為舉止等）。

這些專有名詞也可以與順性別者和非順性別者人員相關。例如：非二元化性別者可能被認為性別不符常規，因為他們的性別與二元化性別不符。此外，稱自己「男孩子氣」的順性別女性也可能被視為性別不符常規，因為她的風格與二元化性別不符。

卡蒂與我們分享性別不符常規是什麼樣的情況。

 OUR STORY 我們的故事

卡蒂：在這個二元化性別取向的世界中尋找自我

對我來說，「性別不符常規」意味著不遵守二元化性別，無論是表達方式、行為舉止、性別認同，或者以上所述的一切。身為非二元化性別者，我認為自己是性別不符常規之人，因為我覺得自己根本沒有性別。因此，無論我的行為舉止或穿著打扮如何，都不會符合規範，因為這些都是我做的事。

---

73. 性別變異這個詞彙漸漸不受歡迎，因為它意指順性別是典範，其他性別是從其變異而來。

　　雖然性別和性別氣質並不一定彼此連結，但我覺得以雌雄同體的方式穿著打扮最為舒適，可以讓我的外表迷惑陌生人，讓他們無法立即將我放入男性或女性的框框裡。在這個二元化性別取向的世界中，能夠與其他性別不符常規的人交流是非常令人欣慰的事；代表這個社群，以及感覺自己身為社群的一分子，都是非常重要的。

　　得到別人及自己的支持和接受，讓我可以恣意的無視洗手間這種以性別區分的事物，把關注焦點放在自己纏上束胸、塗上鮮艷指甲油和穿上圖案漂亮的襪子之後有多麼好看。

性別混亂者（Gender Confusion／Gender F*ck）：故意在性別方面尋找理由或享受混淆感之人。

你可能會想知道:為什麼有人想讓別人摸不透他們的性別?嗯,有幾種原因:

- 為了表達對性別規範和角色的不滿。
- 為了激發性別議題的討論。
- 因為他們在性別模糊或雌雄同體的空間裡感到非常自在。

聽聽看性別混亂者的親身經驗,以下是凱的分享[74]。

OUR STORY 我們的故事

凱:我如何在南非挑戰二元化性別

小學時代讓我印象最深刻的回憶之一,就是同學走到我面前,但完全被我和我的性別所迷惑。如果我沒記錯,她問我是不是為了進入那所學校讀書而故意打扮成女生的男生(我讀的是女校)。雖然我只是一個十歲大的孩子,這個問題卻讓我非常開心。今天回想起來,仍然會讓我笑出聲來。

她問我這個問題,可能基於很多理由——我從來不愛聊八卦,也不會和大家圍坐在一起塗指甲油。我經常爬樹,談論「男性化」的運動和休閒。加上她問我問題的那天,恰好是便服日,我穿著平常習慣的男女混搭式服裝,看起來肯定非常男性化。

---

74. 凱(Kai)的Youtube頻道:http://bit.ly/2ce1wco

　　這是第一次有人表示搞不清楚我的性別,從那次以後,我一直希望這種情境再次發生。我住在南非,非二元化性別在南非似乎仍是一個神話,或者只是在營火堆旁講述的恐怖故事,這使得性別不符常規變得非常困難。然而每當有人對我說:「不好意思,先生、呃──女士?」時,我還是樂在其中。

　　或許這是出於我對挑戰二元化性別的狂熱,也或許是因為我希望能治癒南非同胞的封閉態度。不過,性別混亂者的性別認同總能帶給我許多歡樂,我覺得短期之內我不會有任何改變。

性別流動者(Genderfluid):擁有會變化的性別。性別流動者的性別認同會在各種性別之間波動,而且/或者他們可以同時體驗多種性別。他們的性別認同可能會隨機並且/或者隨情境而完全轉變。

　　我的朋友羅蘭最近以性別流動者的身分出櫃。以下是羅蘭明白自己的性別認同的經過[75]。

---

75. 羅蘭(Roland)的網站:http://bit.ly/2cJKKHz

OUR STORY 我們的故事

羅蘭：困惑多年之後，終於了解自己

　　身為「性別流動者」是我所經歷過最困惑但也最自由的事情之一。有一部分的原因，是因為試圖區分我的性別氣質和性別認同非常困難！無論我穿什麼或做什麼，我看起來就「像個男人」，因此很多人對我說，我只是一個喜歡以女性方式表達自己的同性戀男性，他們還說這與我的性別無關。

　　然而，在我生長的地方，如果有人跨越性別的界限，別人可以公然在街上辱罵他們，這個因素讓我壓抑了所有與性別相關的感受。去年夏天，我和我在Youtube上認識的朋友一起搬到倫敦，我終於可以穿上女裝，體驗化妝後不受別人批判的自由，這讓我眼界大開！我以前非常習慣別人告訴我應該穿什麼和做什麼，讓我幾乎忘記了真正快樂的感受。我仍試著找出自己確切的性別認同，但我的感覺似乎每天都在改變，對於我內心的感受，沒有人能給我一個明確的答案。

　　因此我上網搜索了各種性別，發現了「性別流動者」這個詞彙。砰！那種感覺就像煙火在我的腦子裡發射一樣。沒錯！這就是我，這就是我的感受。困惑多年之後，我終於能夠了解自己，這讓我欣喜若狂！

　　時間快轉到現在，我終於明白遠走高飛是我最好的選擇！我以前不知道自己在家鄉時多麼不開心、多麼無法表現自我。明白自己的性別，並且不讓性別

影響我做任何事，是我這輩子最自由自在的感受。希望大家都能了解，非二元化性別者不一定只有一種特定的性別認同。

> **性別波動者（Genderflux）**：強烈感受到性別變化（波動）之人。例如：性別波動者可能會有強烈或清楚的感受，覺得自己有時候像男性，但有時候又只是輕微或些許覺得自己像男性。

　　這種性別認同可能很難讓人完全理解，以下由我的朋友伊莎貝爾[76]來幫忙解釋。

OUR STORY 我們的故事

伊莎貝爾：創造更多種體驗性別的可能與方式

　　我第一次開始質疑自己的性別，是我看見像露比・蘿絲（Ruby Rose）那種稱自己為性別流動者的人。起初，我認為自己也是那樣！我這輩子根本沒有真正思考過性別方面的事，由於我出生時被認定為女性，我在孩童時期只好接受自己是個男孩子氣的女生，然後就這樣「長大成人」。不過，我意識到自己只有幾次明顯感受自己的女性特質（後來我才知道，大多數的女孩子經常會感受到自己的女性特質），因此開始思考在其他時候我的感受又是什麼。

　　我很快就決定自己並非性別流動者，因為我明白那是經常在兩種性別之間轉換，宛如一枚硬幣的兩面（雖然我相信這種比喻並不適用在每個人身上）！

　　然而，對我而言，我覺得自己的身體裡面有各種不同的面向與感受會同時發生，有時候非常強烈明顯，有時候又幾乎沒有感覺，而且總是以微妙的方式進行轉變。

---

76. 伊莎貝爾（Isabel）的網站：http://bit.ly/2bXICuN

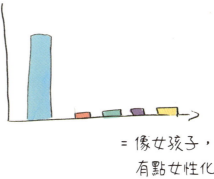

= 像女孩子，
　有點女性化

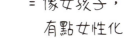

= 無性別

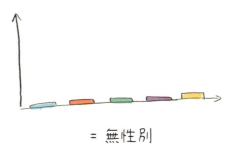

= 非二元化性別者／性別酷兒

　　我開始用柱狀圖來想像自己的性別。對我來說，這些色柱包括半女性、跨性別男性、性別酷兒、非二元化性別者，以及我感受的其他類別。如果某天半女性的色柱上升，其他的色柱下降，我就會覺得自己像女孩子及有點女性化。有些日子我會覺得某些色柱很高，那天我就會把自己定位為非二元化性別者、性別酷兒，或者雌雄同體，取決於我當天覺得最適切的感受或性別組合。然而如果所有的色柱都下降，我沒有任何感覺，我就把自己當成無性別者。

我是多元性別波動者(意味著我經歷好幾種不同的性別波動)，性別波動者對其他人來說可能只是某些日子裡覺得自己像男性，其他日子裡則沒有相同的氛圍。

但對我來說，性別波動在本質上表示我與某種性別的連結會增加、減少和改變。超過一個性別發生波動時，這樣的感覺就會彼此結合、互相影響，讓我創造更多種體驗性別的可能與方式。

> **雌雄同體（Androgynous）：** 同時擁有男性和女性特質、既沒有男性特質也沒有女性特質，以及／或者介於男性特質和女性特質之間。

「雌雄同體」一詞的演變很有意思。這個專有名詞的原始定義為同時擁有男性特質和女性特質，但後來年輕人把「雌雄同體」這個詞彙用來指稱「既非男性也非女性」或「介於男性和女性之間」。

有些人覺得這樣的轉變讓人沮喪，因為這個詞彙的原始定義遭被抹滅了。現在一提到雌雄同體，大多數人可能會有的想像是「一個穿緊身牛仔褲和小可愛上衣、看起來性別模糊的年輕人」，而非「頂著超短的頭髮，穿著洋裝的人」。

要掌控雌雄同體的字義轉變並不容易。在理想狀況下，我們要記住並認知這個詞彙的原始定義，同時接受這個詞彙新的適用者及涵義。我認為這是既不會抹去原有認同，也不必加以捍衛的最佳方式。

雌雄同體的概念可以應用在許多事物上：性別、時尚、興趣、性別認同、行為舉止、生理特徵、姓名等等。這個詞彙可以用在順性別者身上，也可以套用在非順性別者。

凱伊是一位很棒的Youtuber，讓他來告訴你雌雄同體對他的意義……，說不定你還會羨慕他的化妝技巧[77]。

---

77. 凱伊的Youtube頻道：http://bit.ly/2cb5eEc

OUR STORY 我們的故事

凱伊：身為雌雄同體的我，一點也不孤單

嘿，我是凱伊！我是一個很普通的十九歲男孩。你可能會問，為什麼我很普通？呃，首先，我在高中裡喜歡從事各項運動，還差點參加學校的摔角隊！我也喜歡玩電動玩具、和童軍一起去露營。身為一個青少年，我覺得化妝並戴上假髮拍攝有趣的影片，是很好玩的事！

噢，等等。我知道你在想什麼——大部分的男生不會戴假髮，可能甚至不懂「化妝」是什麼意思⋯⋯，為什麼我卻如此與眾不同呢？我確實覺得自己與大家格格不入，沒有人了解我。對男生來說，我太女性化了；對女生來說，我又太男孩子氣。

隨著時間過去，我開始懂得擁抱自己。我想化妝的時候就化妝，不想化妝時就一點妝都不化。可以隨當天的心情選擇展現自我的方式，感覺真的很棒。後來，有一位朋友介紹我觀賞一段由男生教導男生化妝的影片，讓我深深著迷！我研究許多資料之後，發現了「雌雄同體」這個詞彙。

這個詞彙的定義與我的性別認同非常吻合！它讓我明白，我可以穿更具流動風格的服裝，也讓我了解，我可以同時展現男性特質與女性特質！現在我已經不像從前那樣感到孤獨和被誤解，並且在網路上認識了許多優秀的朋友，他們都了解我的性別認同，其中有些人甚至和我一樣是雌雄同體！

　　所以，我錯了，我一點也不孤單！我只不過需要花一些時間來了解自己。當我找到自己的性別認同，我就能找到可以分享的對象！

　　一個類似雌雄同體但略有不同的專有名詞是「具有男女兩性之人（Androgyne）」。這兩個詞彙最大的區別是——「雌雄同體」比較常被當成描述語（用來描述性別、表達方式、行事風格、行為舉止等），而「具有男女兩性之人」是一種特定的性別認同／性別。讓我們進一步了解這個專有名詞：

> **具有男女兩性之人（Androgyne）**：這是一個與雌雄同體有關的非二元化性別。認定自己具有男女兩性之人，可以同時為男性和女性、也可以既非男性也非女性，以及／或者介於男性和女性之間。

　　喬伊認為自己是具有兩性之人，她分享了一則可愛又天馬行空的故事，用來說明她經歷的感受。

OUR STORY 我們的故事

喬伊：她不是公主，也不是王子，但擁有最完整的自己

　　「什麼，具有兩性之人？這是什麼？它看起來像是花俏版的、外語版的『雌雄同體』。這個字有什麼不一樣的意思嗎？我不懂。誰可以救救我！」

　　這是我第一次看見這個專有名詞時浮現的念頭，當時我還在尋找自己的性別認同。倘若你也和我一樣有類似的想法，以下是一個充滿隱喻的故事，可以解釋我為何以及如何認同這種性別身分。

　　從前有一位公主,國王和皇后每天對這個公主說,她必須表現得像淑女一樣,要穿漂亮的洋裝、舉止要端莊優雅,而且在必要的情況下,得等待英俊的王子來拯救她。所有的王子必須表現得像紳士,身上穿著最好的西裝、接受劍術與駕駛帆船的訓練,準備拯救公主。遵照這個完美的公式,就可以「永遠過著幸福的生活」,起碼公主的父母是這麼告訴她的。但如果她的父母錯了呢?她能不能以別種方式「永遠過著幸福的生活」呢?

　　有一天,這位公主發現自己遇上麻煩了,她闖進了一隻多頭噴火毒龍的巢穴。然而她並不打算等王子來拯救她,一部分的原因是因為她沒有時間等待,另一部分的原因是她其實不需要王子來救她。雖然她沒有寶劍,沒有盾牌,也沒有對抗毒龍的計畫。毒龍迅速向她靠近,就像父母說過的,那隻毒龍有好多

頭，不斷朝她臉上噴出可怕的火焰。她無力反擊，被火焰狠狠燒著，只能閉上眼睛，希望自己有能力與毒龍對抗。

　　仙女聽見了她絕望的哀求，帶著一套閃亮的盔甲及時出現在她的面前。於是她立刻穿上盔甲，打敗了那隻可惡的毒龍！

　　從那一刻起，她不再是公主，也不是王子，她是一個穿著閃亮盔甲的騎士，沒有性別。她強壯勇猛、無人能擋，而且覺得自己非常完整。她表現出貴族般的舉止，身上穿著無懈可擊的盔甲，以她的力量揮舞著武器，鍛鍊自己的心智和身體，不必等別人來拯救她。她可以英勇的屠龍，也可以優雅的和皇后喝下午茶，還可以和別的公主結婚。這就是她，她會永遠過著幸福的生活。

（ 無性別旗幟 ）

無性別者／沒有性別之人（Agender／genderless）[78]：可從幾種方式來解釋：

- 這兩個詞彙在字面上的翻譯為「不具有性別」，也就是無性別／沒有性別之人的感受，他們覺得自己不具有性別。
- 有些人以這種方式表達自己的性別認同，因為他們覺得自己性別中立。
- 其他人之所以選擇這種性別認同，是因為他們完全棄絕性別概念，或者認為性別概念與他們毫無關係。

錢德勒是一位無性別者，以下是錢德勒的分享[79]。

OUR STORY 我們的故事

錢德勒：終於全心全意的接受自己是無性別者

無性別者剛剛出櫃的時候，可能會感覺到有如旋風般的混亂，宛如百分之九十九的時間都被全世界以一種令人不舒服的眼光盯著。這是因為社會上大

---

78. 與無性別類似的詞彙還包括：genderlank、genderfree、null gender、non-gendered、no gender、gender void。有些人認為這些詞彙可以互換使用，但有些人認為這些詞彙彼此之間存在著些微但重要的差異。
79. 錢德勒的Youtube頻道：http://bit.ly/2bXKB1S

多數的人都堅持二元化性別的定見。這個社會試圖把所有的人區分為男性或女性，因此對於不屬於這兩種性別的人來說，就會充滿壓力。

由於這樣的定見，讓我在掙扎中得到一個結論：因為二元化性別的定見，所以我是無性別者，而不是跨性別男性。當別人在公開場合認為我是男性時，雖然會讓我覺得開心，但我會馬上想到……我開心並不是因為我喜歡被視為男性，而是因為我不喜歡被視為女性。事實上，我根本不覺得自己是男性。當我領悟這一點時，才終於全心全意的接受自己是無性別者！

有些人從很小的時候就知道自己是跨性別者，但我不是。我一直到十六歲的時候才明白自己是無性別者。那個時候，我意識到「她」這個代名詞讓我覺得非常不舒服，而「他」這個代名詞對我來說也不太正確。在這種情況下，就該選擇自己覺得正確的代名詞。對我來說，「they」這個代名詞讓我感到非常快樂，讓我覺得自在，精確反映出我認同的性別中立身分。我在完全接受自己之後，才比較能夠卸下忸怩害羞的偽裝，真正忠於自己。

性別中立（Gender Neutral）：具有中立的性別。這可能意味著幾種情況：

- 覺得自己的性別位於二元化性別光譜的中間。
- 覺得自己的性別與二元化性別的任何一種都無關。

凱特琳是一位致力於LGBTQIA+主題的Youtuber，其性別認同就是性別中立。以下是凱特琳的故事[80]。

OUR STORY 我們的故事

凱特琳：曾經真心覺得自己是不是哪裡壞掉了

當我還是個孩子的時候，總是穿著男生的衣服、玩女孩的玩具，並且在遊樂場上和大家打成一片。我的性別是混雜的，這點讓我很不舒服。我記得我總認為自己處於兩性之間的奇怪地帶。別人會以「她」來稱呼我，這種感覺很怪，但每當有人誤認我是男孩而用「他」稱呼我時，感覺也同樣奇怪。我真心覺得自己是不是哪裡壞掉了。

兩年前，我在一齣名為《卡蜜拉》的網路連續劇中扮演一個名叫拉方丹的角色，這個角色是性別酷兒。這件事改變了我對所有事物的看法。為了確保我能以正確的方式詮釋性別酷兒族群，我做了一些研究。在研究的過程中，我發現了「性別中立」這種性別認同，當下立刻豁然開朗。在我成長過程中所接受的教育，並沒有告訴我除了男性和女性之外還有別種性別，因此當我發現有一個專有名詞能夠表達我的感受時，我完完全全解脫了。

現在我都使用「非二元化性別／性別中立」來描述自己，而且我已經出櫃超過一年了。對我來說，性別中性可以描述出我的感受——身處男女兩性之間的中立地帶，而且覺得非常自在。

中性（Neutrois）：覺得自己性別中立或沒有性別之人。中性者可能會覺得自己是性別中立或是沒有性別，或者在性別中立與沒有性別之間變換，抑或同時具有這兩種性別認同。

「中性」曾經含括有性別焦慮之人和／或希望轉換性別之人。有這種感覺的人，通常會想移除自己身上的男性／女性性徵，好讓外表符合其性別認同，這通常與想表現非常中性或雌雄同體有關。有些中性者確實會接受變性手術。

---

80. 凱特琳的Youtube頻道：http://bit.ly/2cdQoic

然而，具有性別焦慮和／或想要變性並非中性者的必要條件，許多中性者很少或沒有性別焦慮，也不希望接受任何變性手術。

以下是珍妮佛分享身為中性者的經歷。

👤 OUR STORY 我們的故事

珍妮佛：性別是非常個人且私密的事

中性者完全生活在二元化性別之外。對我來說，中性是一種位於性別光譜中央的性別認同，但不具有任何女性或男性元素。我覺得自己確實有性別——我與某種特定的自我意識具有連結，因此，我不是無性別者。我覺得自己與這種性別（一種不是由生理器官或二元化性別氣質方式所定義的性別）有著非常緊密的連結感。

由於我的中性性別認同，我喜歡使用「他們（they／them／their）」這個代名詞，也喜歡別人以中性的詞彙來稱呼我，例如「這人」和「這位手足」，因為這表示對方認可我的性別，還可以讓那些與我不熟的人摸不清我的性別，我認為性別是非常個人且私密的事。

很少人正確使用符合我的代名詞，儘管他們已經被告知。這導致我有性別焦慮。我主要有社交方面的性別焦慮，因為我不喜歡被歸類為二元化性別者。然而錯誤的性別歸類強化了我「與眾不同」的自我意識。

讓我們再回頭談談無性別、沒有性別、性別中立和中性人之間的關係。有些人覺得這些專有名詞十分相似，因此可以交換使用這些詞彙、彼此互相認同，並且／或者很難區分其差異。

有些人覺得這些性別認同非常不一樣。一般來說，類似的專有名詞之間，差異其實非常細微，但不表示它們對使用這些性別認同的人而言不重要。對某些人來說，些微的差別以及正確使用性別認同詞彙是非常重要的。正確的標籤可以具體描述一個人的性別認同，其他的詞彙都辦不到。但除非先找到這個標籤，或者使用這個詞彙，才能幫助這個人從這個詞彙的角度檢視自己，或藉由這個詞彙來描述他們的性別／性傾向等。

另外，請注意，性別認同可以不僅是一個詞彙及一個定義，其背後通常還緊緊著與該性別認同有關的歷史、社群及其他各種事物。性別認同彼此之間也可能意義重疊但有些微差異，以致一個人選擇（或不選擇）某種性別認同。

以上所述的各種情況和／或感受都完全正常。性別標籤的力量可能非常強大，但最終還是要由個人來決定採用哪些專有名詞，以及如何加以定義。沒錯，某些專有名詞、定義與彼此之間的差異可能有點模糊，但這並不是壞事，因為每個人都有選擇自我認同的自由。

雙性別（Intergender）：雙性別的性別認同介於二元化性別之男性和女性中間，或為兩者混合。

適用這個專有名詞的對象，目前仍有爭論。主要的兩派意見如下：

1. 有這種感覺的任何人都可使用。

2. 這是一個只能被跨性別者使用的專有名詞，其他都算文化剽竊。跨性別者應該擁有能反映其性別認同的專用詞彙，非跨性別者必須予以尊重，使用不同的標籤。

性別冷淡（Gender Indifference）：不在意自己的性別，意味著對性別／性別氣質漠不關心。不在意自己性別的人，可能對個人的性別或者性別的整體概念沒有強烈的感受。

瑪莉詠表示不在意自己的性別，她親自解釋這是什麼意思。

OUR STORY 我們的故事

瑪莉詠：尋找適合自己的性別標籤

我在高中三年級時意識到自己「肯定不是順性別者」，因此立刻開始尋找自己覺得正確的性別標籤。坦白說，我討厭這種過程，而且經歷過許多不同的標籤。有些性別標籤讓我一連好幾天都覺得自在，有些標籤只能讓我有大約一小時的舒服感受。雖然我知道無須為自己的性別貼標籤，但我就是想這麼做。這個過程來來回回持續了三、四個月，直到某天我在Tumblr上看見某個人的網頁。那個人在側邊的欄位注明「不在意自己的性別」。雖然我對那人的網頁內容已經沒有印象了，然而這個人的性別標籤像一塊拼圖般嵌入我的腦中。

我不在意自己的性別，這意味著我與自己的性別認同保持距離，並且冷漠相待。除了承認並尊重我是非順性別者的事實外，我對自己的性別一點也不感興趣。這種冷漠反映在我對代名詞的偏好（就我而言是偏好）與性別氣質上：只要人們知道並了解我是非二元化性別者，他們用哪個代名詞來指稱我都無所謂（介紹自己時，我通常會使用「they」來自稱，以避免別人有太多假設）。此外，關於我的性別氣質，我不認為自己需要以任何特定的方法來表現自己，我的穿著打扮都是根據喜好，以及當天要從事什麼活動來決定。

尋找適合自己的性別標籤是一條奇怪的道路（老實說，有時候我甚至覺得「不在意自己的性別」也不太符合我的感覺），但比起「瘋狂尋找性別標籤」，我還是很高興能找到可描述我非二元化性別身分的詞彙。

灰色性別（Graygender）：這種性別認同包括對性別意識淡薄，或者對性別認同／表達等議題感到冷漠。灰色性別之人認為自己具有性別，但他們可能也覺得：

- 他們與自己的性別脫節
- 就概念而言，他們不太強調自己的性別

- 他們不會特別在意自己的性別
- 他們的性別時斷時續
- 他們的性別難以界定

　　這個段落已經到了尾聲。由於性別的種類無窮無盡，這本書只能約略提供粗淺的性別教育，但希望能增加一點你的性別知識，甚至幫助你找到一、兩種可以讓你興奮的聲稱自己隸屬的性別標籤！倘若你讀完本章之後仍在苦尋屬於自己的性別專有名詞，請務必瀏覽本書提供的各項參考資料，那些網站有非常多性別資訊。如果你查詢後還是找不到屬於自己的性別標籤，也可以考慮自創一個！

　　此外，在繼續往下閱讀之前，請花一點時間回答下列問題，並反思自己的性別：

- 你經歷過哪幾種性別（如果有的話）？
- 你對性別的體驗有多強烈？如果你有一種以上的性別，你是否以相同的強度體驗這些性別，或其中幾種的強度勝過其他的性別？
- 你的性別有多常改變？／變化強度為何？
- 你目前是否對自己的性別產生懷疑？
- 以上提到的性別種類，是否能符合／描述你的性別？

第三部

性傾向與情感傾向認同

我接觸到無性別的概念,才讓我從不同的框架看待自己……事實上,性吸引力和情感吸引力各有所好是十分正常的。我覺得自己得到解放,也因此安了心,我終於能夠以自己信服的身分認同來表達自我。

3.1
什麼是性傾向與情感傾向？

原來每個人的對性和情感的感受力都不一樣？
為什麼會有心跳加速的感覺？
這是性還是愛？

我們已經討論過社會性別、性別認同、性別氣質等，現在來聊聊被這些所吸引（或是沒有被這些吸引）的意思。這本書接下來會探討一些鮮為人知，以及經常遭到誤解的性傾向與情感傾向。不過，在進入細節之前，讓我們先來定義「性傾向」和「情感傾向」的意思。

性傾向（Sexual orientation）是什麼？

一個人的性傾向是指這個人在性方面被誰吸引／不被誰吸引。這可能包括：

- 哪種性別對他們具有性吸引力。例如：「只有男性才能引起我的性欲。」
- 如果他們能感覺到性吸引力的話，其強度／頻率為何。例如：「我不曾感受過任何性吸引力。」
- 性吸引力變化／波動的強度／頻率為何。例如：「有些時候我只對女性有性欲，但有些時候我對所有性別都有性欲。」
- 在什麼樣的情況下能他們感受到性吸引力。例如：「我只有在對某人產生情感之後才會感受到性吸引力。」

性吸引力可以定義為對某人具有更高度的興趣，因為他們能夠刺激或撩起性方面的欲望。由於每個人有不同的偏好，這種感受發生的時間及方式也因人而異。此外，所謂的「性」，也是主觀的。

舉例來說，我認為接吻就是性。一次美好的接吻可以讓我全身起雞皮疙瘩、加速我的心跳、挑起我的性欲。然而並不是每個人都有這種感覺。事實上，我的朋友埃斯特爾對接吻就有截然不同的看法。以下是她對接吻的看法[81]。

---

81. 埃斯特爾的Youtube頻道：http://bit.ly/2cdQciL

OUR STORY 我們的故事

埃斯特爾：無性戀者也會接吻嗎？

　　幾年前，我以無性戀者的身分向朋友出櫃，他們問我的第一件事是：「妳可以接受接吻之類的事嗎？」當時我覺得有點困惑，以一種「你們為什麼明知故問」的語氣回答：「……接吻和性又沒有關係。」

　　由於大家不會經常將這種事情拿出來討論，我在不知不覺中就認定自己的觀點是理所當然的，以為每個人都和我有同感。但是，你知道嗎？不同的舉動對不同的人有不同的意義！我曾看過別人的家人會互相親嘴，熟人之間也會互親臉頰，但對我的朋友而言，親吻除了性欲之外沒有別的意思。

　　就我個人而言，我有很多情感可以付出！而且我覺得親吻是表現情感的眾多方法之一。我會親吻我愛的朋友，但大部分是親吻臉頰。至於浪漫關係的伴侶，我覺得親吻與愛撫是最棒的情感交流方式，但我從來沒有想過親吻和性之間的關聯。不騙你，就算我和某人緊緊相吻，我仍覺得那是與性無關的行為。對我來說，親吻的美妙感受完全是拍拉圖式的、情感方面的，或者頂多是感官的[82]。

---

82. 關於感官吸引力與柏拉圖式吸引力，請參考第141頁。

如果你不確定自己有沒有感受過性吸引力,不要驚慌,因為你並不孤單。許多和你有相同感覺的人,都是光譜上的無性戀者[83]。這意味著別人對他們而言,只具有一點點或很少性吸引力,或者完全沒有性吸引力,而且／或者產生性吸引力的程度會波動。

如果你好奇非無性戀者在性吸引力方面有哪些體驗,以下是一些常見[84]的描述:

- 想親吻某人

- 想與某人發生性關係

- 在某人身旁時會心跳加速

- 會幻想與某人發生性關係

- 與某人眼神交會時會非常緊張

- 會因為某人而感到不安或變得神經質

- 會被撩起性欲:例如生殖器官充血、乳頭變硬等等

---

83. 想要進一步了解無性戀者,請參考第162頁
84. 這份清單上的描述並非必然是性吸引力的前兆,這些也可能是柏拉圖式的、情感方面的、感官的、審美觀方面的感受,或者只是隨機萌生的感受。如果你不確定這些詞彙的意思,可以在這裡學到更多相關資訊:http://bit.ly/2cmHYaQ,或者參考第141頁。

- 在某人身旁時會臉紅

- 渴望觸摸某人或接近某人

- 渴望看見某人的裸體

　　如果你確實感受過性吸引力,請明白這樣的體驗沒有固定的模式,而且體驗會因人而異。每個人的感受都非常不同,最明顯的例子就是性別偏好。例如,有人只喜歡男生,有人只喜歡女生,有人同時被男生和女生吸引,有人只被非二元化性別者吸引,有人可以被所有的性別吸引等等。然而,除了性別偏好之外,每個人的性吸引力強度也可能不同。有人會說自己被男生深刻且強烈的吸引,而有人只稍微喜歡男生。更重要的是,有些人的性吸引力是流動的,會隨著時間的不同而改變。人們感受性吸引力的方式可能多到數不清,令人高興的是,我們有許多很棒的詞彙可以用來描述這些感受!這本書接下來的內容會深入討論。

　　最後,每個人都可以自己決定哪些事物能引起他們的性慾,哪些不能,並且決定哪些人才對他們具有性吸引力。簡言之,這就是一個人的性傾向。

情感傾向(Romantic orientation)是什麼?

　　情感傾向則有點不同……,是指個人在情感方面被誰吸引或不被誰吸引。這可能表示:

- 某種性別對他們具有情感吸引力

- 如果能感受到情感吸引力的話,其強度／頻率為何

- 情感吸引力變化／波動的強度／頻率為何

- 在什麼樣的情況下能感受到情感吸引力

情感傾向可以描述為對某人的情感渴望、拉力和／或依戀[85]。一個人在情感方面被某人吸引，可能會渴望與對方產生親近或親密的情愛關係。這種親近通常被描述為與一般友誼或純粹柏拉圖式關係不同，或者比友誼或純粹柏拉圖式關係更為親密。和性吸引力相同，情感吸引力也會因人而異——你猜得沒錯——因為「情感」是主觀的。如果你想知道人們認為哪些行為舉止對他們具有情感吸引力，我在推特上進行了一次可信度很高且具科學性的投票，得到以下的答案：

人們覺得具有情感吸引力的行為舉止包括：

- 不時的擁抱
- 親吻額頭
- 展現幽默感
- 表現出脆弱的一面
- 彼此契合
- 表現出可靠性
- 約會時一起打電動和吃蛋糕
- 建立信任感
- 做愛[86]
- 在緊急情況下合作
- 在求歡時輕輕撥弄你的頭髮

---

85. 有些人不認為「情感吸引力」（romantic attraction）是描述這種感覺最精確的方式，他們認為「情感」（romance）是近代西方為了傳播資本主義和壓迫女性所發明的詞彙。他們建議以「情愛吸引力」（emotional attraction）來取代。但由於「情感吸引力」已經被大家普遍使用，而且許多讀者比較認同「情感傾向」和／或「情感吸引力」的說法，因此這本書還是用這個詞彙來表達。

86. 如果看見「做愛」令你感到不解，請容我解釋：人們覺得做愛可以表達情感，例如有人覺得性愛非常浪漫，他們做愛是因為享受與伴侶的親密接觸，以及情愛方面的親近感，而非因為被撩起性慾。另一方面，對某些人而言，性愛可以兼具情感吸引力和性吸引力，意思是他們在享受親密與情愛的同時，也可以感覺到性慾的撩動……。除此之外，性愛也可能全然與性慾相關，不帶任何情感連結或感受。

- 發現你手機電量不足時,直接替你插上電源,而非先問你需不需要幫忙充電

- 和你的伴侶比賽放屁

- 以「＃這是愛」、「＃喜歡」回應你的心形表情符號

如你所見,人們對於「情感」的認定範圍非常廣泛。人們也可能只感受非常少的情感吸引力或完全沒有情感吸引力,甚至是波動的情感吸引力。這種人在光譜上大多屬於無情感傾向者[87]。我最後要說的是,在情感方面吸引你的對象(如果你具有情感吸引力的話),以及你產生情感吸引力的強度和頻率,都可幫助你決定你的情感傾向為何。

---

87. 想進一步了解無情感傾向者,請參閱第162頁。

性傾向和情感傾向有什麼不同？

性傾向和情感傾向經常被混為一談，實際上兩者非常不同。雖然這兩種傾向在大多數的情況下可能相互影響和重疊，但是也可能完全背離[88]。例如，某人可能在情感上對各種性別都感興趣，但是只對某一種性別具有性欲。舉例來說，我個人的性傾向和情感傾向就並非完全一致。我認為自己的性傾向是「泛性戀」，然而在情感傾向上，我是「雙性偏同（homoflexible）」。

對我來說，身為「泛性戀」意味著我覺得每一種性別的人都很性感。在性欲方面特別吸引我的特質包括：短髮、刺青、生氣勃勃的眼眸、雀斑、強壯的身體、身材曲線、和善的笑容、喜歡冒險、熱情、具有才華，以及自信。如果某人具有這些特質，無論是男性、女性、無性別者、非二元化性別者，或者任何一種性別，我可能都會認為對方非常性感！我可能會想要親吻對方、觸摸對方。如果對方願意脫掉衣服展現腹肌，我絕對不會反對，因為這些特質對我來說都具有性吸引力。

然而，在情感方面，我主要對女性有興趣（這是「雙性偏同」的「同性」部分）。和其他的性別相比，女性的活力和柔情經常讓我心動，我也渴望與我心儀的女性建立認真的感情關係。

但在情感方面吸引我的對象並非只限女性，我的情感吸引力也曾有例外情況發生。我以前曾經喜歡過一些男性（這是「雙性偏同」的「雙性」部分）。這種情況出現的頻率很低，而且久久才發生一次。不過，這是我得知自己的性傾向和情感傾向非常不同的原因。

我的朋友喬是另一個性傾向和情感傾向不一致的好例子。以下是他的故事[89]。

---

88. 有些人將這種情況稱為「混合傾向」。
89. 喬的Youtube頻道：http://bit.ly/2cHscGW

OUR STORY 我們的故事

喬：曾經身陷沒有身分認同的地獄

　　很小的時候，我就知道自己不喜歡女孩子，無論情感方面或是性方面。因為我很早就知道「同性戀」是怎麼一回事，我知道自己「與眾不同」，所以有很長一段時間，我一直認為自己是同性戀。然而，隨著我進入青春期，我發現男性對我的吸引力也沒有想像中那麼強烈，我不僅無法想像自己和男性共度「一般」的生活，也無法想像與男性發生親密關係會是什麼情況。當時我認為這有一部分可能是因為我心裡有同性戀恐懼症，這讓我從十四歲到十八歲的那幾年極其難熬。我不覺得自己是同性戀，也不覺得自己是異性戀或雙性戀，所以我找不到適合自己的標籤，甚至連被人貶抑的「屁精」也不像我。我因此長期患有心理健康問題，因為身陷沒有身分認同的地獄。

　　後來，我接觸到無性別的概念，才讓我從不同的框架看待自己。我對同性的迷戀，不見得要與我對他們缺乏性欲產生衝突／抵觸。事實上，性吸引力和情感吸引力各有所好是十分正常的。我覺得自己得到解放，也因此安了心，我終於能夠以自己信服的身分認同來表達自我，而不是套用以前假設的「同性戀規範」。雖然所有性別對我而言都不具有性吸引力，但我對同性的情感偏好讓我既是無性戀也是同性戀。這雖然是精確的身分認同，卻可能讓我自己及其他人產生混淆，因為兩種身分具有非常不同的文化和假設。儘管如此，我仍必須繼續試著協調這兩種身分。

　　當你翻閱這本書並開始記下現有的大量性傾向與情感傾向時，請記住：某人可能會對你具有性吸引力，但沒有情感吸引力，或者是相反的情況[90]。

---

90. 除了性吸引力和情欲，還有許多種類的吸引力！其中一些包括：
    - 審美吸引力：純粹欣賞某人的外貌，與性或情感無關。例如：「那個人真好看。我喜歡那個人的衣服、髮型、五官，還有超火辣的身材！」「去認識一下嘛！」「噢不，我並不想親吻對方或和對方約會⋯⋯，我只想遠遠的欣賞就好。」
    - 柏拉圖式吸引力：你被某人吸引，純粹只因為你渴望對方的友誼、與對方熟識，以及／或者情感上與對方變得緊密。
    - 感官吸引力：因為與性欲和情感無關的感知（最明顯的是觸覺和嗅覺）而被某人吸引。如果某人因為感官因素而深深吸引你，舉例來說，你可能喜歡對方身上的味道。你也可能想要牽對方的手或者擁抱對方，因為觸摸對方的感覺吸引著你。
    - 另類的吸引力：渴望與某人具有緊密的情感，但既不太像柏拉圖式吸引力也不太像情欲。例如：「我不想和你發生情感關係或性關係，但我確實想以不同於我和其他朋友的方式，與你在情感上建立親密關係。」

    如果想了解更多有關吸引力的資訊，請參考我的Youtube影片：http://bit.ly/2cmHYaQ

第三部

性傾向與情感傾向認同

在我聽到這種身分認同的那天，真的有一種醍醐灌頂的感覺。我不再覺得自己是壞掉的人，因為我找到了可以描述我的詞彙，我不再感到孤獨。

3.2
認同與專有名詞

吸引力是多元且流動的？
人們是否誤解了雙性戀？
認識無性戀
身為酷兒的力量

目前為止,你對性傾向和情感傾向以及它們的差異已經有了基本認識。非常好!接下來,我們來學習幾種性傾向認同和情感傾向認同,以及某些特定傾向標籤、前綴詞與後綴詞,以及它們的涵義[91]!

單一性別吸引力

我們從單一性別吸引力的傾向和認同開始介紹。

單一(Mono-):單性傾向(Monosexuality)／單一性別情感傾向(Monoromanticism),意味著只受一種性別吸引。

例如:我最要好的朋友艾蜜莉,她認為自己是只喜歡男生的女生;又例如我的未婚妻,她是一個喜歡女生的女生。她們兩人都只被一種性別吸引,因此都可以形容自己是單性戀者。

關於「單一」這個前綴詞,有幾個重點必須特別留意:

- 它通常只被用來描述,而非人們自己主動聲稱。

- 有些人覺得這個專有名詞有點問題,原因如下:

  1. 他們認為這種表達方式會把LGBTQIA+的單性戀者與異性戀者混為一談。這可能會讓人生氣,因為LGBTQIA+族群無法與異性戀者享有相同的特權,但這個專有名詞消抹且無視他們面臨的困境。

  2. 這個專有名詞以往都被用來貶抑或侮辱只被單一性別吸引之人,暗示著他們「不夠特別」。

  3. 有些人認為,這個專有名詞經常未經別人同意,就擅自替別人貼上標籤。他們認為這麼做是不對的[92]。

---

91. 這些前綴詞／後綴詞和標籤,都可應用於性傾向和情感傾向。
92. 我問過葛芮絲和艾蜜莉,我可不可以稱她們為單性戀者,她們都說不介意!

異性戀 (Hetero-／straight)：被二元化性別的另一種性別所吸引[93]。

例如：在前面提到的例子中，由於艾蜜莉是一個只喜歡男生的女生，因此我們可以說她是異性戀者。

同性(Homo-)：同性傾向／同性別情感傾向(Homosexuality／Homoromanticism)[94]是指個人被與自己相同或相似的[95]性別吸引。

例如：喜歡女生的女生，可被視為同性戀者。

女同性戀（Lesbian）：這個詞彙通常是喜歡女生的女生。然而，一些非二元化性別者和／或認為自己具有女性特質且受女性吸引的性別酷兒，也會以這個專有名詞表達自己的身分認同。

同性戀（Gay）：這個標籤有幾種用法。
1. 可用來專門指稱喜歡男性的男性。
2. 可用來指稱主要被與自己相同或相似性別吸引之人。例如：男同性戀和女同性戀。
3. 此外，有些人把它當成指稱所有非異性戀者的概括性用語[96]（例如：女同性戀者、雙性戀者、泛性戀者、酷兒、新性戀者等等）。

　　很多人在第一眼看見我可愛的未婚妻時，會認為她是女同性戀者（lesbian），但葛芮絲其實比較喜歡「同性戀（gay）」這個標籤，以下是她的理由。

---

93. 你會發現我說「另一種」性別，而非「相反的」的性別。我特別提出這一點，是為了強調「相反的」這樣的字眼會導致二元化性別永遠存在。其實並沒有所謂的「相反的」性別，即使是二元化性別。男性和女性並不是相反的性別，這兩種性別只是二元化性別裡的兩個類別。
94. 有些人認為「homosexuality」是一種過時且醫學化的表達方式，因此在一般LGBTQIA+語言學中，這個標籤已經不再受到歡迎。
95. 特別提到「相似」是必要的，如此才能使這個定義包括非二元化性別者。由於非二元化性別者的自我認同非常多元，很難找到兩個性別完全相同的非二元化性別者，然而在某些適當的時候，這些人仍會使用「homosexuality」這個詞彙來表達自己。
96. 有些人不喜歡以這種方式使用「同性戀（gay）」這個詞彙，因為他們認為，如此一來LGBTQIA+社群裡的其他身分認同會消失不見，以及／或者大家只會優先考量同性戀的感受，而非其他身分認同之人。例如：大家都只說「同性戀的驕傲」（gay pride）而非「驕傲」（pride），或者只說「同性戀的權利」（gay rights）而非「LGBTQIA+的權利」（LGBTQIA+ rights）。這無異是對多性戀者、跨性別者、無性戀者等人的不認同。

OUR STORY 我們的故事

葛芮絲：如今我更能接受自己的性別認同

　　我剛出櫃的時候，並不知道還有許多不同的LGBTQIA+標籤存在。當時我是一個十九歲的少女，在私立天主教學校待了十三年，對於LGBTQIA+社群的知識十分貧乏。因此，當我開始向別人出櫃時，我使用的是自己比較知悉的標籤之一：女同性戀。

　　現在我偶爾還是會使用這個詞彙來描述自己，但它已經不再是我的首選。對我而言，「女同性戀」並不完全適合我，因為這個詞彙暗示著我是女性，然而有些時候我不覺得自己非常具有陰柔特質。實際上，我在性別光譜上的位置會變動，因此「女同性戀」一詞，感覺上對我的性別產生了限制。

　　我比較喜歡「同性戀」這個標籤，因為我覺得它不會將我的性別限制為女性。我認為使用讓自己覺得舒服的認同詞彙非常重要，而非使用社會拿來與你相連的標籤。以我個人的情況為例，由於缺乏相關的教育，迫使我擠進一個不適合我的小框框。如今我更能接受自己的性別認同，並且使用讓我覺得自在的標籤。我仍在繼續學習身分認同的各種詞彙，將來可能會改用更適合我的標籤。

和我的未婚妻一樣，我也經常使用「同性戀（gay）」來形容自己，就算我也會被與異性吸引，我還是使用這個標籤。我很難說明為什麼覺得適合自己，也許是因為「同性戀」比「雙性戀」或「泛性戀」比較容易讓人理解。每當我告訴別人我是「泛性戀」時，對方通常會要求我解釋說明，而當我告訴別人我是「雙性戀」時，他們就會問一些令人尷尬或帶有侵略性的問題。像是「妳比較喜歡哪一種性別？」「妳會不會……同時和男生及女生發生性關係？」

相形之下，「同性戀」就簡單多了，大多數人都明白這個詞彙的意思。使用這種易於接受的表達方式，可以讓我擺脫附隨其他標籤的污名與問題，使我有時間和空間呼吸、做我自己。

畢竟，要在我們的社會裡不斷解釋並且指導別人一個複雜／鮮為人知的身分認同，實在令人筋疲力竭。但如果我們能夠做到的話會很棒，因為持續接受相關教育並不光只是LGBTQIA+社群成員的責任。有時候，因為要面對的問題實在太多，我們就必須練習自我照護[97]。對我而言，自我照護的方法，就是使用一個簡單、清楚又不會帶來問題的標籤。

有些時候，我之所以使用「同性戀」這個標籤，是因為它讓我覺得自己被包括在LGBTQIA+社群裡。由於人們對雙性戀的恐懼與憎惡是令人難過的事實，因此LGBTQIA+社群裡的某些人猶豫著要不要把多性戀者納入LGBTQIA+的世界。如同我前面提到的，坦白說，有時候我真的太累，無法應付這一類的問題，我不喜歡自己的酷兒身分受人質疑，所以我就以「同性戀」來表達自己的身分認同。

上述的例子，是我為了躲避壓力與世人審查而選擇使用「同性戀」一詞。不過，還有一些時候，我的雙性偏同情感傾向讓我覺得自己與同性戀標籤充滿連結，畢竟我主要還是喜歡和女性約會，因此「同性戀」是一個不錯且精確的描述。反正一切都取決於我當下所處的環境，以及我在特定時間點的感受。但無論怎麼說，「同性戀」確實是我偶爾會用來表達自己的性別認同詞彙。

---

97. 自我照護：確保一個人的身心維持在健康狀態。這可能包括對自己表現關愛、耐心與欣賞，以及允許自己暫時休息和／或好好休養，以保持心理的清澈與歡愉。

多元性別吸引力

這個段落涵蓋被多種性別吸引的傾向和自我認同。這種吸引力的範圍可以是兩種、三種、四種,甚至無數種的性別!請做好準備,因為這個部分比前面的篇幅更長,也更多樣化。

多元(Multi-)/非單一(Non-mono-):多性傾向(Multisexuality)/多性別情感傾向(Multiromanticism)和非單性傾向(Non-monosexuality)/非單一性別情感傾向(Non-monoromanticism)都是對於被不止一種性別吸引的描述和傾向。例如:雙性戀者、多性戀者、泛性戀者,或者全性戀者,都被一種以上的性別所吸引,因此皆可被認為是多性戀/多元情感傾向及/或非單性戀/非單一情感傾向。

雙性(Bi-):雙性傾向(Bisexuality)/雙性情感傾向(Biromanticism)可以指稱多種情況,其中最常見的兩種定義包括:

1. 被兩種性別吸引。例如:被男性和女性吸引,被男性和半男性(demiguys)[98]吸引,或者被特異獨行者(maverique)和性別中立者(neutrois)吸引。
2. 被兩種或兩種以上的性別吸引[99]。例如:就我個人而言,我被與我自己性別相同之人吸引,也被其他許多性別吸引,因此「雙性戀」是我認同的諸多身分標籤之一。

關於這種傾向,我們必須注意的重點是:雙性戀並非總以相等或相同的方式感受不同性別對他們的吸引力。某些雙性戀者可能會有比較吸引他們的性別,或者他們可能會發現自己以不同方式被不同性別吸引。這樣的情況是被認同的。你的吸引力和/或約會經驗不一定要平均分配給吸引你的各種性別,才能被認定為雙性戀者。雙性戀和幾乎所有的認同標籤一樣,並沒有嚴格的規則或要求可以決定誰才能聲稱自己是雙性戀者。任何想要成為雙性戀的人,只需要認同自己具有這樣的身分。

泛性(Pan-):泛性戀者(Pansexual)/泛性別情感傾向者(Panromantic)是指會被任何或所有性別吸引。

---

98. 關於「半男性」這個專有名詞,請參閱第106頁。
99. 根據我的經驗,大多數的雙性戀者都是以這個定義描述其雙性戀傾向。為了更精確的接納非二元化性別者,前一個定義似乎已經日漸失寵。

許多泛性戀者認為性別並不是左右他們吸引力的因素。認同泛性戀身分之人受到吸引時，通常與對方的性別無關。

然而，有些泛性戀者認為性別在他們被別人吸引的過程中會發揮作用，而且和雙性戀一樣，某些泛性戀者有偏好的性別。其他的泛性戀者則可能是以不同的方式受到不同的性別吸引。

雙性戀 vs. 泛性戀：

人們經常不了解雙性戀和泛性戀之間的區別。探其究竟，其實只是取決於個人的偏好。不過對某些人而言，這兩種傾向有著重要的差異，因此有人會選擇使用其中一個詞彙而非另外一個。這些差異可能包括：

人們使用「雙性戀」一詞的原因	人們使用「泛性戀」一詞的原因
• 為了要打擊「雙性戀」標籤的負面污名。 • 希望雙性戀這個詞彙不會被消抹。 • 認為自己與這個詞彙更具有連結。 • 因為這是用來描述自己的第一個標籤，而且是他們最習慣的標籤。 • 因為並不會被所有的性別吸引，因此認為「泛性戀」是不精確的標籤。 • 因為覺得大家對「雙性戀」比「泛性戀」熟悉，比較不需要解釋。 • 因為「雙性戀」這個詞彙具有悠長且豐富的歷史，許多人引以為傲。 • 因為在實體的LGBTQIA+空間裡，雙性戀者的社群比較具有代表性。相對而言，泛性戀者的社群比較新，所以比較活躍於網路空間。 • 因為這個標籤讓他們感覺對了。	• 避免「雙性戀」標籤的負面污名。 • 因為被誰吸引，性別並非主要的因素。而是知道每個人各有其性別，但是性別不會強化或減弱他們被對方吸引的程度。 • 因為「泛」這個前綴詞主動挑戰僵化的二元化性別。 • 比起「雙性戀」，這個標籤比較少人知悉。使用這個標籤可以引起別人注意，並藉此展開有關性傾向／情感傾向多元性的話題。 • 因為這個標籤讓他們感覺對了。

希望這個表格可以讓你更加了解為什麼有人喜歡使用「雙性戀」標籤、有人喜歡使用「泛性戀」標籤。不過我發現，如果想真正明白人們如何建立自己與某些標籤的關係，以及他們為什麼這麼做，最好的方法就是傾聽他們的故事。我在Youtube上最要好的朋友之一亞蕾娜，對於她使用哪些認同詞彙有一些有趣的觀點，以下是她的分享[100]。

---

100. 亞蕾娜的網站：http://bit.ly/2cJMAIn

OUR STORY 我們的故事

亞蕾娜：我是雙性戀、泛性戀或酷兒

　　身為一個會喜歡男生、女生和所有其他性別的女生，我「符合」好多種性別標籤。我認為自己是雙性戀者，然而我覺得泛性戀者的定義更能描述我的情況，儘管在我的內心裡，我是一名酷兒。我與這些標籤有著不斷改變的關係。

　　從我第一次出櫃，一直到今天，我最常使用的標籤是「雙性戀」，因為我覺得這個詞彙最簡單，也最容易讓別人了解。然而我相信「泛性戀」的標籤更符合我和我的性傾向，因為它（在其標籤中）主動承認了「男性」與「女性」以外的性別。話雖如此，我覺得和我具有連結的標籤是「酷兒」。甚至在我出櫃之前，這個詞彙就經常出現在我的腦海裡，讓我感到非常自在。

　　既然我覺得自己與「泛性戀」和「酷兒」這兩個標籤更具有連結，為什麼我也會選擇使用雙性戀這種身分認同呢？因為在大部分的情況下，大眾比較容易理解雙性戀這個詞彙。當我告訴別人我是雙性戀者的時候，可以不必解釋太多。但如果我告訴別人我是泛性戀者，我就必須一次又一次的教育對方泛性戀的定義。我不想一天到晚承擔這種責任。

　　然而還有一個問題：為什麼我不宣稱自己是酷兒呢？老實說，這也是我目前還在掙扎的問題。簡單的答案是：我覺得自己還不夠酷兒。我的外表很女性

化，而且我與一位男性有著穩定的交往關係。我的感情狀態與日常生活都享有異性戀者的特權，因此讓我感到掙扎。如果我宣稱自己是酷兒，可能形同從那些努力爭取酷兒權益的人身上不當引用這個標籤。

我想說的都說完了。我自稱是雙性戀，但我覺得泛性戀的定義更能貼切描述自己。不過，我的內心是酷兒。

顯然，亞蕾娜認為這些對她具有意義的詞彙之間存在著差異。相反的，其他人（包括我自己）認為這些前綴詞之間的區別可以加以忽略，認同並且／或者認為這兩個專有名詞可以交替使用。無論如何，一個人想要以「雙性戀」或「泛性戀」當成自己的身分認同，都沒有問題。

> **全（Omni-）**：全性戀者（Omnisexual）／全性別情感傾向者（Omniromantic），就如同泛性戀者／泛性別情感傾向，也受到任何或所有的性別吸引。一些全性戀者使用這個標籤（而不使用其他的多元性別標籤），因為他們覺得性別經常在他們的吸引力中發揮作用，而且這個標籤通常是用來表達受到性別左右的吸引力。然而並非所有的全性戀者都有上述的感受，有些人認為自己是以不同的方式、不同的程度和／或不同的原因被不同的性別吸引。

克莉絲蒂是一個全性戀者，以下是她描述被不同性別之人吸引如何發生的。

OUR STORY 我們的故事

克莉絲蒂：找到適合我的性別詞彙

我覺得「全性戀者」這個詞彙很適合我，因為我能夠被任何性別（或者沒有性別之人）吸引，但我是以不同的方式被不同性別的人吸引。我認為在很大的程度上與我是「半性戀者」的事實有關，所以，除非我一開始就和對方產生強烈的情感連結，否則我不會被任何人吸引。能吸引我的對象，大部分都必須先和我成為很要好的朋友，然後我才會開始受到吸引。不過，如果我喜歡女性，這種吸引力會出現得更遲，只會發生在我們成為「非常親密」的朋友之後。因此，基本上，我被不同性別的人吸引，吸引力出現的時間點會有所不同。

多元（Poly-）：被多種但不一定是全部的性別吸引。例如：馬可喜歡男生，以及非二元化性別者與無性別之人。他不喜歡女生，但他不確定自己會不會被其他的性別吸引。因此，他可以認為自己是多性戀者。

好奇型雙性戀者（Bi-curious）：如果某人是好奇型雙性戀者，就表示其想要知道和／或想要體驗對一種以上的性別產生性慾或情感是什麼樣的感覺。

三（Tri-）：三性戀者（Trisexual）／三性別情感傾向者（Triromantic）受到三種性別吸引。例如：被男性、女性和中性吸引。

嘗試（Try-）：試性戀者（Trysexual）／試性別情感傾向者（Tryromantic）通常是用來描述「願意嘗試任何體驗」之人。基本上，他們對於各種體驗都採行開放的態度。

關於這種身分認同，以下是重要的注意事項：
- 這個詞彙比較像是描述對性／情感的開放態度，而非傾向。
- 這個詞彙經常用於不同的語境和不同的方式，通常是以開玩笑和／或貶抑的方式表達。然而我們必須記得：對於某些人而言，這是一種嚴肅且正統的身分認同描述方式。

靈活（-flexible）：這是一個後綴詞，表示某人會被特定的主要類型吸引，但他們承認並保留空間給例外的類型。在這個詞彙之前添加前綴詞，可提供此人典型吸引力的更多資訊。例如：在情感方面，我是雙性偏同。這意味著我通常會喜歡女性，但我以前也曾經和男性談過戀愛。

琳希是一位性學教師，同時也是Youtube頻道上一個與性學有關的優良節目「Sexplanations」的主持人。她用「靈活」一詞來描述自己的傾向[101]。

OUR STORY 我們的故事

琳希：異性戀的標籤讓我感覺格格不入

從中學開始，我就希望自己是女同性戀者。我甚至假裝和朋友們建立起女同性戀關係，討論我認為的女同性戀話題。回想起來真的很愚蠢，但也充滿

---

101. 琳希（Lindsey Doe）是一位人類性學研究的博士，這是她的Youtube頻道：http://bit.ly/1hDKcg7

暗示意味。當時我只對男孩子有興趣，我和男生約會，對男生而非女生具有性慾，然而我覺得異性戀的身分認同不適合我，因此我強迫自己扮演一個十二歲的女同性戀者的角色。

異性戀的標籤讓我感覺格格不入，我厭惡它的僵化，而且它限制了我對性的探索。但我並不覺得自己是雙性戀、泛性戀或同性戀，我是一個順性別女性，只有男生對我具有性與情感上的吸引力，從青春期以來就是如此。

因此，當我學到並採用「靈活異性戀」這個標籤時，我覺得非常自在。我可以保有自己一直以來的性傾向，又可以有空間嘗試新的體驗，讓自己隨心所欲。對我來說，「靈活」這個後綴詞讓我真正明白性的動力（包括我自己的性傾向）。我知道自己被哪種性別吸引，但在吸引力產生變化時保持開放的態度。性並不是非黑即白的問題，沒有說了就算的情況，一切都可以非常靈活。

非男性戀（Noma-）：只會對非男性之人產生性吸引力／情感吸引力。

非女性戀（Nowoma-）：只對非女性之人產生性吸引力／情感吸引力。

超／非二元化（Skolio／Cetero-）[102]：超性戀者／超性別情感傾向者（Skoliosexual／Skolioromantic）和非二元化性戀者／非二元化性別情感傾向者（Ceterosexual／Ceteroromantic）是指只對非二元化性別者產生性吸引力／情感吸引力。

關於這種傾向，要注意的重要事項包括：
- 有些人認為這種傾向是「只被非二元化性別者吸引」，另一些人則認為這種傾向是「會被二元化性別者吸引」。
- 關於這種標籤是否具有問題，已經引起激烈的爭辯。
- 有些人認為這類標籤是對於非二元化性別者的盲目崇拜[103]。

---

102. 我之所以把這種傾向放在這本書的這個段落，而非「單一性別吸引力」的段落，是因為非二元化性別認同包含很多種性別，因此超性戀者／非二元化性戀者通常會被一種以上的性別吸引。
103. 盲目崇拜：對於某事物具有極端的性慾、迷戀或執著之偏好，或者具有依附感。盲目崇拜他人是不好的，因為這麼做等於只看見對方的某種特質，並且將對方物化。

- 有些人認為應該只有非二元化性別者才能具有這種身分認同。
- 有些人不喜歡「Skolio」這個前綴詞，因為這個字的意思是「扭曲」或「彎曲」。他們認為這意味著超性戀者和／或非二元化性戀者在某種程度上是不自然的、有問題的，或者是「扭曲的」，因此後來才出現「cetero」這個前綴詞，這個字的意思是「其他」。
- 超性戀者／非二元化性戀者經常被誤會或誤解為被雌雄同體的人吸引，但事實並非如此。當這種誤解變成人們對非二元化性別者的刻板印象時，問題就出現了。畢竟，人們無法憑某個人的外表就得知對方是不是非二元化性別者，因為性別認同與性別氣質非常不同。

你知道嗎──因為這是一種很複雜的身分認同，所以讓我們來聽聽看其他人的想法。莎嘉是一位非常聰明的雙性人Youtuber[104]。

OUR STORY 我們的故事

莎嘉：希望他人是因為我的本質而喜歡我

我對身分認同有著複雜的感受。一方面，我不想多管別人如何看待自己的性傾向。如果某人覺得自己被非二元化性別者吸引，無論是只被非二元化性別者吸引，或是被其他人吸引之外還會被非二元化性別者吸引，都是完全正當合理的。我是一個自認為泛性戀的非二元化性別者，由於我被各種不同性別的人吸引，所以從來不覺得有必要特別言明我被非二元化性別者吸引。基於這個理由，我承認我不太了解那些自認為是超性戀者／非二元化性戀者的感受。

但我確實擔心這種身分認同可能導致對非二元化性別者的盲目迷戀或概括推斷。如同艾胥莉在前面提到的，人們沒有辦法從外表評斷某人是不是非二元化性別者，因此，被非二元化性別者吸引到底是什麼意思？我們是一群非常多元化的人，以各種不同的方式表達自己的性別，這種傾向是指被上述那種刻板印象之非二元化性別者吸引嗎？如果不是的話，吸引這種傾向之人的基礎又是什麼？

我必須承認，如果有人對我說，因為我是非二元化性別者，所以他們被我吸引了，我會因此覺得不舒服，覺得自己被盲目崇拜，彷彿對方是因為我的性

---

104. 莎嘉（Sage）的Youtube頻道：http://bit.ly/2bXJ649

別認同而喜歡我,而非因為我的本質。不過,假如我有機會與他們進行深談,明白他們真正的意思,可能有助於緩解我的不適。

有些人只喜歡女生,有些人只喜歡男生,既然有人只被「二元化性別者」吸引,或許有人只被「非二元化性別者」吸引,也是合情合理。我認為這種吸引力可以有具體客觀的表達方式,也可以有不具體客觀的表達方式。

讀完莎嘉的分享之後,針對莎嘉說不想多管別人的性傾向,這本書的某個編輯提出一個有趣的觀點:「了解別人的性傾向,對這個社群不會有什麼傷害。有時候我們就應該反擊盲目崇拜的現象。」

另一位編輯也插話進來,並且提出一個有意思的看法:「就我讀完這段分享的感覺,有個問題不斷浮出水面:既然我們無法從任何人的外表看出他們的性別認同,因此當我們說自己喜歡女生時,到底代表什麼意思?我們喜歡男生又代表什麼意思?這種傾向之人(超性戀者/非二元化性戀者)被質疑的問題,在其他人(異性戀者、同性戀者等)身上,難道就沒有嗎?這種問題實在太複雜了!」

確實非常複雜!關於超性戀/非二元化性戀的分析,變得難以置信的冗長!身分認同的詞彙多麼複雜且強大,到最後我們只能選擇自己喜歡哪些詞彙、要利用哪些詞彙。我們可以研究、學習、傾聽,並且保持開放的心態,然後要有勇氣,做我們覺得正確的事。

在我們繼續前進至下一個段落之前，讓我們聽聽使用這個標籤的人有什麼想法。道格拉斯是一位具有男同性戀身分的英文老師，以下是他說明為什麼認為自己是「超性戀者」的原因[105]。

👤 OUR STORY 我們的故事

道格拉斯：我可以擁有很多標籤

我在大學裡認識了一個朋友，對她產生情愫，讓我非常掙扎。身為男同性戀者，我應該只對男生感興趣，但她並不是男生。這種情愫讓我感到羞恥，因為我認為自己是喜歡上她的陽剛與活力，所以刻意忽略她實際的性別認同。這並非單一事件──我發現自己經常被具有跨性別和非二元化性別身分的人吸引，而且通常會發生在我甚至還不知道對方的性別認同之前。

在二○一四年底，艾胥莉發表了關於LGBT+關鍵字的影片。她在影片中定義了「超性戀」這個專有名詞，當時我沒有特別在意這個詞彙──因為我絕對是男同性戀，毫無疑問。但後來我遇到另一位非常棒的非二元化性別友人，以前那些舊時的感覺又重新浮出水面──現在我已經可以認清那些情愫只是情感吸引力，因為我並不想和他們發生性關係，他們對我不具情欲吸引力，不過我超想和他們攬攬抱抱，做一些浪漫的事！不幸的是，我所找到的「超性戀」定義，大多數具有排他性的意味：被非二元化性別者吸引，而且只被非二元化性別者吸引──我知道我喜歡男生，然而我也無法否認在日常生活中某些跨性別者也會讓我產生真實的情感。幸運的是，我可以擁有很多標籤──我可以同時是男同性戀者和超性戀者。

對於那些被非二元化性別者吸引，但因潛在問題而不願認同自己為超性戀／非二元化性戀之人，可以考慮使用以下的專有名詞：

> **刻意彈性（Diamoric）**：這個描述詞彙主要有兩種意思：一種是描述個人的身分認同，一種是描述人際關係。

---

105. 道格拉斯的Twitter：http://bit.ly/2coROYA

在個人身分認同方面，非二元化性別者可使用「刻意彈性」強調自己的非二元化性別的身分及他們被其他非二元化性別者吸引／他們與其他非二元化性別者的關係。重要的是，請注意這個專有名詞僅適合非二元化性別者使用。

「刻意彈性」和「超性戀／非二元化性戀」之間最大的區別之一，就是超性戀／非二元化性戀是性傾向，但「刻意彈性」不是一種傾向，它是一個可以與個人傾向結合使用的認同詞彙。例如：一個性別流動的雙性戀者可以表示自己是非二元化性別的雙性戀者，強調自己的非二元化性別身分，以及其被別的非二元化性別者吸引／其與別的非二元化性別者的關係。一個半女性的女性同性戀者可以表示自己為一個非二元化性別的女性同性戀者，強調自己的非二元化性別身分，以及其被別的非二元化性別者吸引／其與別的非二元化性別者的關係。

在描述人際關係方面，在一段刻意彈性的關係中，當事人至少有一位是非二元化性別者。以這種意義使用「刻意彈性」一詞時，就不僅限於非二元化性別者，即使關係中某位成員是二元化性別者，仍可被稱為刻意彈性關係。例如：如果道格拉斯將來與非二元化性別者建立關係，他可以將這段關係稱為「刻意彈性關係」，如果他願意的話。

如果有人好奇的話，我可以告訴你們：「刻意彈性」這個詞彙是被創造出來的字，因為「同性戀」或「異性戀」這些現有的描述詞彙似乎都無法精確描繪非二元化性別者彼此之間或與其相關的關係。由於非二元化性別認同非常多樣化，因此很難找到兩個性別完全相同的非二元化性別者，這就是為什麼「同性戀」一詞（用來形容非二元化性別者感興趣的對象和／或被非二元化性別者吸引）並不是很適合。

雖然許多非二元化性別者有不同的性別，他們的性別並不一定彼此「相反」，有些人的性別可能非常相似，這就是為什麼「異性戀」一詞也不適合。

「Diamoric」這個字來自希臘語的前綴詞「dia」，意思是「穿越」、「脫離」和「徹底／完全」，再加上拉丁語裡的「amor」，意思是「愛情」。因此，「diamoric」含有「穿越、脫離或者完全含括性別光譜中所有的情愛／吸引力／關係」之意。

這個段落就在這裡畫下句點。接下來，我們來了解人們可能感受到的流動吸引力。

流動吸引力

對許多人來說,情感和情欲會不斷變化。人的性傾向可能會在一生中慢慢轉變,也可能在短短幾天內突然變化。這樣的變化可能很少發生、不斷發生,或者頻率介於兩者之間。性傾向裡的流動潛力非常驚人,但還好有一些標籤可以用來解釋說明!

> **流動(Fluid)**:假如某人的吸引力或傾向是流動的,這意味著他們的吸引力或傾向會經歷變化,流動程度則取決於個人及其環境。
>
> 流動的感覺可能如下:

- 像海洋[106]。吸引力可能會以海浪般強大、有力且變化多端的方式出現。你可能會深刻且持續的感受這些海浪的波峰與波底。
- 像河流。吸引力可能會以筆直、平穩且可預測的方式持續行進一百英里,直到遇上障礙而突然改變路線[107]。
- 像流入湖中的小溪流。一個人的吸引力可能會充滿力量的流動一段時間,然後突然全部匯流為一,因而速度減緩,或者完全靜止。
- 像瀑布。流動吸引力不須總是以穩定且不斷變化的方式改變。也可以從某個層面或某個類別的吸引力,瞬間上升或下降至另一個層面或類別,就像瀑布一樣。

---

106. 很有趣!
107. 你知道的,「就像是溪流在穿過樹林的途中遇上一塊大石頭!」……這不是我能決定的。

> **變化（Abro-）**：一個變化性戀者／變化情感傾向者（Abrosexual／Abroromantic）會經歷流動和／或變化的傾向，這意味著對他們具有吸引力的對象（例如男性、女性、非二元化性別者、多元性別者，或者沒有人能吸引他們）會有變化，他們感受的吸引力強度也會有變化。

變化性傾向／變化情感傾向（Abrosexuality／Abroromanticism）可以被視為流動。然而，許多使用這個詞彙的人之所以選擇它，是因為「流動」可以同時適用於一個人的一般性傾向和吸引力的特定對象。

然而「變化性傾向」比較適合用來專指傾向。換句話說，「變化性傾向」這個詞彙不光指一個人的吸引力或偏好會變化（例如：「我喜歡男性和女性，但是我的偏好會隨著時間而不同。」），而是整體方向都會發生變化（例如：一個變化性戀者可能會在某天覺得自己是異性戀者，某天又覺得自己是泛性戀者或無性戀者）。

以下是羅倫與我們分享她認同「變化性傾向」的感受。

 OUR STORY 我們的故事

羅倫：我很害怕永遠無法搞清楚自己的性傾向

我從大約十歲開始，就知道自己的性傾向「不太穩定」。我的性傾向經常出現變化，因此我很害怕自己永遠無法搞清楚狀況。

我在疑性時期經常瀏覽Tumblr——偶然間在數量不多的「變化性傾向」資料中發現了一篇「重要文章」。性傾向經常改變就是我最真實的感受，因此我馬上意識到自己「有時覺得自己是同性戀」、「有時覺得自己是異性戀」、「有時覺得自己是泛性戀」、「有時覺得自己是無性戀」以及其他種種感受，都不是因為我不正常（雖然我花了七年時間這樣說服自己）。我的性別認同是被認可的，其他的人也有相同的經歷！

今天，我對自己的性別認同感到非常滿意，並且接受自己性傾向的每一個部分。但是，我也收到一些負面的回應，主要來自LGBTQIA+社群。例如，曾經有一個順性別的男同性戀者告訴我，「變化性傾向」只是「泛性

戀」的時髦說法[108]。然而我沒有把這樣的意見放在心上，我知道自己已經找到屬於我的標籤，我很樂意使用它。

波動（-flux）：在傾向方面，「波動」是一個後綴詞，表示一個人的吸引力在數量或強度上會產生波動。在「波動」前面通常會有一個前綴詞，表示一個人的吸引力在哪些性別之間波動。例如：一個三性波動者會持續被三種性別之人吸引，但對這三種性別的偏好可能會波動。

劇動（-spike）：劇動類似波動，也是表示某人吸引力波動的後綴詞。然而，認同劇動之人經常覺得自己不會感受到任何吸引力（意即他們是無情感傾向者或無性戀者），然後又突然感受到強烈的吸引力劇動，並且持續一段時間。

使用範例：無情感劇動（arospike）和無性戀劇動（acespike）分別表示這個人沒有感受到情感吸引力，然後感受到一些／很多情感吸引力；或是沒有感受到情欲吸引力，然後感受到一些／很多情欲吸引力。

新（Novo-）：這種傾向最初是為了性別流動者和多元性別之人而創造的。一個新性戀者／新情感傾向者的吸引力，會根據他們體驗的性別而改變。例如：一個性別流動的新性戀者是女性時，可認同自己為女同性戀者，但當他們是非二元化性別者時，身分認同就是泛性戀者。這有一部分取決他們如何認定自己包含性別認同的性傾向──舉例來說，女同性戀者會自動視自己為女性。

　　我們已經來到這個段落的尾聲，很棒！你已經學到許多關於性別吸引力的知識。在我們繼續往下閱讀之前，我想快速重申為什麼了解這些身分認同是必要的。對各種性別產生吸引力的性傾向非常重要，因為它們經常被曲解、消抹和質疑。這通常會導致這些身分的認同者產生恥辱、恐懼和懷疑。

---

108. 幾年前，我向某人解釋自己的傾向，對方告訴我：「泛性戀只是更自命不凡的雙性戀。」閱讀到羅倫說她的性別認同被批評為「只是泛性戀的時髦說法」，這個記憶又重新浮現在我心頭。看到大眾／外界對於身分認同詞彙的意見隨著時間而發生變化，感覺非常有趣。「泛性戀」在幾年前還是非常新穎的詞彙，經常被誤解，而且沒有被廣泛使用，然而在羅倫的故事中已經變得比較標準化／普遍化。就我個人而言，我認為我們可以從羅倫的故事中學到，大眾／外界對於認同詞彙與傾向的看法一直在改變。然而在決定一個標籤是否適合自己時，最重要的人就是你自己。

「雙性戀消抹」就是其中一個突出的例子。雙性戀消抹是指雙性戀者的代表性不足,或者雙性戀者的存在被完全否定。以下是真正的雙性戀者所面臨之真實雙性戀消抹案例:

- 「妳真的是雙性戀?真的嗎?那妳最後一次和男人發生性行為是什麼時候?」
- 「我很樂意和雙性戀男人發生性行為,但我永遠不想和他們約會——我的意思是,他們大部分不是真正的雙性戀者,他們只是好色的騙徒。」
- 「妳為什麼不選擇喜歡男人?這樣比較容易,妳以前也試過。再怎麼說,妳到最後一定還是會和男人在一起。」
- 「我覺得雙性戀是每一個女同性戀者必須經歷的踏腳石——等著瞧,妳到時候就會明白的。」
- 「每一個女生都曾經喜歡過其他女孩子,這很正常,妳不是雙性戀。」
- 「你以前不是交過女朋友嗎?你還傷過很多女孩子的心!」「是的,沒錯!我也傷了很多男孩子的心!我只是一直不敢承認。」「不不不,這聽起來一點也不像你!」
- 「你這幾天喜歡男生還是喜歡女生?」
- 「如果妳在情感方面沒有喜歡女生,就不能說自己是雙性戀者。」
- 「這位是我的朋友班恩,他是同性戀。」「其實我是雙性戀。」「你知道我剛才就是這個意思。」
- 「就我看來,你是異性戀,只是喜歡同時和女性及男性發生三人性行為。」

持續對抗這種評論,並且說服全世界自己的性傾向是正統的,可能會讓人筋疲力竭。而且不僅僅只有雙性戀者面對這種消抹,所有的多性戀者／多性別情感傾向者都必須面對。

除了消抹之外,多性戀者／多性別情感傾向者的傾向也正面對著多種污名。我們被不止一種性別吸引,讓外界將我們與多種負面特質聯想在一起,例如貪婪、困惑、不忠、沉迷性慾、刻意引人注目,以及追求時尚。這樣的污名感導致許多多性戀者／多性別情感傾向者不敢出櫃,抑或對自己的性傾向感到羞恥,這是非常不幸的事。每個人都應該對自己的身分感到自在且驕傲!

重要的是,請記住所有的身分認同都是被認可的,不可用刻板印象予以醜化。我們愈了解並接受這些性傾向,就能夠愈少遇上前述那些會導致有害情緒的錯誤觀念和評論。

無性戀者和無情感傾向者

你現在來到這本書談論無性別和無情感傾向的段落了,本段落將介紹很少或沒有感受到情慾和／或情感吸引力的人。我在前面說過,「光譜」是我在這本書裡最喜歡的主題,但現在我有點左右為難,因為無性別和無情感主題對我來說也很特別。我有許多屬於這個社群的親密好友,他們的多樣性以及深刻的理解力,讓我覺得迷人又美麗。

> **無性戀者(Asexual)**:用來指稱沒有或鮮少感受到性吸引力之人的概括性用語和／或獨立認同詞彙。
>
> **無性戀(Ace)**:這個專有名詞可以有兩種用法:
> - 指稱無性光譜上任何一種身分認同的概括性用語。
> - 無性戀者的簡寫。

艾蜜莉亞是我最欣賞的LGBTQIA+ Youtuber之一,以下是她分享身為無性戀者的體驗[109]。

---

[109]. 艾蜜莉亞的Youtube頻道:http://bit.ly/1R3f35K

OUR STORY 我們的故事

艾蜜莉亞：身為無性戀，可能無法擁有像同儕一樣的生活

明白自己是無性戀者的感覺,有點像是發現「關於長大的一切全是謊言」。或者,就我個人的情況,我明瞭了自己的成年生活不可能像影集《六人行》的劇情。

在我體認自己是無性戀者之前,我總以為每個人到最後都可以像情境喜劇裡的角色一樣擁有性生活:先從認識某個人開始,接著是一連串浪漫的經歷,我會躺在某個男人或女人的懷中,不僅僅期待著性愛,而且是充滿渴望。無性戀者的身分讓這個夢想變得複雜。身為無性戀者,意味著在性教育裡學到的欲望和衝動永遠不會出現,不會感受到性吸引力,所以從一開始就被隔離在性愛文化之外。無性戀者與性的關係是複雜的,你可能永遠不會像同儕一樣擁有性生活,這或許令人很難接受——對我來說就是如此。

然而,話雖如此,身為無性戀者是非常棒的正面體驗。這個社群裡充滿富有創造力的人,而且透過學習無性戀的相關資訊,我學到更多關於人類性傾向的知識。能夠擁有一個形容自己性傾向的詞彙,讓我覺得更加自信與自在,並且更願意探索我性別認同的其他部分,例如性別氣質與情感取向。對某些人來說,這句話聽起來可能很奇怪,但我很喜歡無性戀者的身分,我一點也不想改變。

> **無情感傾向者（Aromantic）**：用來指稱沒有或鮮少感受到情感吸引力之人的概括性用語和／或是獨立認同詞彙。
>
> **無情感（Aro）**：這個專有名詞可以有兩種用法：
> - 指稱無情感光譜上任何一種身分認同的概括性用語。
> - 無情感傾向者的簡寫。

繼續閱讀之前，請記住：性傾向和情感傾向是可以分開的。我想重申這一點，以確保大家明白無性戀者不一定是無情感傾向者，反之亦然。雖然對某些人來說，性傾向和情感傾向可能彼此相連，但對其他人來說，它們也可以完全各自獨立。

我還要釐清一件事：「沒有性吸引力和／或情感吸引力」，與「沒有愛」不同。為了說明這一點，以下是約拿分享他的無情感傾向[110]。

OUR STORY 我們的故事

約拿：我仍有一顆充滿其他形式之愛的心

根據我的經驗，只要談到「無情感傾向者」這個詞彙，大多數的人最初會想像成一個無情的人，無法表達愛的感受或無法處於任何形式的關係。由於各種關於無情感傾向者的負面刻板印象和錯誤信息，我們很難讓別人真正明白無情感傾向者到底是什麼意思。對我來說，身為「無情感傾向者」意味——著我不會感受到情感吸引力。

然而這並不會限制我體驗其他形式的吸引力，例如審美吸引力和柏拉圖式吸引力[111]。儘管我無法感受到情感方面的愛，我仍有一顆充滿其他形式之愛的心，例如對家人的愛以及柏拉圖式的愛。

許多年來，我一直深信自己不可能是無情感傾向者，因為我知道自己想要有人陪伴，而我認為有人相伴的唯一方式就是透過情感關係。我對情感吸引力的理解，混入了柏拉圖式吸引力及審美吸引力，以致我很難釐清思緒。

---

110. 約拿（Jonah）的Youtube頻道：http://bit.ly/2ce1gdv
111. 關於審美吸引力和柏拉圖式吸引力，請參閱第141頁。

直到我看見一篇名為〈你可能是無情感傾向者,假如……〉的部落格文章,腦子裡的一切才終於撥雲見日。我以前對於無情感傾向者的各種負面刻板印象和錯誤想法最後都消失了,我也得以從全新的層面理解它。在我獲得無情感傾向的精確資訊之後,我已經可以認同並接受自己身為無情感傾向者,而且我不得不說:這是令人難以置信的解放。

　　現在你已經更加了解無性戀者和無情感傾向者的意義了,你可能會想知道:有沒有一個性別標籤可以用來描述那些確實經歷過情欲和情感吸引力的人呢?答案是肯定的!

> **有性戀／有情感(Zed-／Allo-)**:經歷過性吸引力和／或情感吸引力之人,亦即不是無性戀／無情感之人。

　　關於這種傾向,要注意的重要事項如下:
- 「Allo」可能是指稱那些不是無性戀／無情感之人最受歡迎及最常用的專有名詞,但有些人覺得這個前綴詞有問題,以下是他們的理由:
- 在語義上,比較與這個專有名詞相反的詞彙是「自性戀」(autosexual),而非「無性戀／無情感」。
- 有些人認為這個專有名詞源自於臨床性學。由於臨床性學具有壓迫無性戀／無情感之人的歷史,因此許多人對於使用這個與臨床性學具強大連結的詞彙抱存疑問。

- 「Zed」是為了替代「Allo」而被創造出來的,並強調其於光譜上的相對位置,無性戀/無情感之人(ace/aro)是a,有性戀/有情感之人(zed)是z。
- 這些詞彙通常被當成描述詞彙,而非人們可主動拿來當成身分認同的標籤。雖然它們不是人們經常用來自稱的標籤,但還是非常有用。為那些不是無性戀/無情感之人提供專有名詞,有助於他們不將自己視為「正常」。換句話說,這有助於我們避免陷入思考的陷阱,把人們區分為「無性戀/無情感之人」和「正常人」。

　　如這本書在前面提到的,無性傾向和無情感傾向都存在於光譜上。現在你已經了解光譜的兩端(無性戀/無情感之人和有性戀/有情感之人),讓我們來探討存在於中間模糊地帶一些身分認同。

> **灰(Gray-):**[112] 灰性戀者/灰色情感傾向者(Graysexual/Grayromantic)可包括但不限於:
> - 感受極少吸引力之人
> - 很少或僅在某些情況下可以感受吸引力之人
> - 不確定自己是否感受過吸引力之人

以下是愛里分享其認同自己身為灰性戀的體驗[113]。

OUR STORY 我們的故事

愛里:當我告訴媽媽,也許我是無性戀!

　　我的名字是愛里,我是灰性戀者。對我來說,這個詞彙意味著我很少感受到性吸引力。我記得小時候第一次學到性吸引力的時候,我和大多數學習性知識的小孩一樣,只感到驚訝和些許困惑。我記得當時認為,我絕對不想體驗那檔事,因為坦白說,我覺得那聽起來一點也不吸引我。然而我覺得,隨著年紀漸長,我的想法會改變,因為人們都這樣告訴我。

---

112. 這個專有名詞有許多替代的拼法和俚語版本,其中一些包括:gray asexual/gray-a/grace/gray ace和gray aromantic/grayro。
113. 愛里(Eli)的Youtube頻道:http://bit.ly/2chC7lh

我第一次懷疑自己是否在無性光譜上，是在和我媽媽聊天的過程中。我剛剛在醫生那裡做了一年一度的身體檢查，我的醫生也依照慣例，詢問我的性生活是否活躍。

由於我一直想著這件事，於是我告訴我媽媽，針對這這個問題，我可能永遠不會有肯定的答案，因為我根本不想做愛。我的媽媽回答：「妳還年輕，會改變的。」我馬上說：「但如果不會改變呢？也許我是無性戀！」我媽媽笑了，立刻否定我的想法，但我還是繼續這麼想。

我只感受過幾次性欲，這就是為什麼我現在選擇用灰性戀者這種身分認同。我感受到性欲的時刻，都是我與某人之間產生強烈情感連結的時候。陌生人或者我剛認識的人不曾讓我產生那種吸引力。有時候，我覺得很難搞清楚自己的身分認同，因為有很多不清楚的灰色地帶，然而這可能也是我最喜歡灰性戀的部分：充滿不確定性。隨著對象的不同，或者我的心情，我可以對於我真正關心的人產生不同的感受，這樣很酷，有點像是一趟持續進行的大冒險。

半（Demi-）：半性戀者／半情感傾向者最常見的定義，是某人只被與他們產生強烈情感連結的人吸引[114]。

我邀請傑夫・米勒來分享他認同這個標籤的經驗。傑夫是一個超受歡迎的Youtuber、跨性別者及非常有才華的音樂家[115]。

---

114. 不過，有些人認為半性戀者／半情感傾向者只能感受到有限的性吸引力／情感吸引力。
115. 傑夫的Youtube頻道：http://bit.ly/2c3glEf

OUR STORY 我們的故事

傑夫：找到了可以描述我的詞彙，我不再感到孤獨

身為半性戀者和半情感傾向者對我而言，這意味著在產生深刻的情感連結之前，別人無法讓我產生性吸引力或情感吸引力。

在很長一段時間裡，我以為自己壞掉了，因為我不像朋友或同儕那樣感受到任何吸引力。在我更年輕的時候，我完全不懂為什麼每個朋友都可以愛上某人。我覺得自己被大家摒除在外，因此很想知道他們在談論什麼，以及他們有什麼樣的感受。對某些人來說，他們也許會愛上陌生人或是他們不熟的人，但他們通常會等與對方比較熟識之後才採取行動。

在形成深刻的情感連結之前，我真的感受不到性欲。這並非我的選擇，而是我情感發生的方式，因為在我產生連結感之前，性欲完全不存在。我用一隻手就可以數完這輩子曾經在性方面吸引過我的人數，用兩隻手就可以數完曾經在情感方面吸引過我的人數。這種體驗並不尋常。我只知道，在我學到這種身分認同的那天，真的有一種醍醐灌頂的感覺。我不再覺得自己是壞掉的人，因為我找到了可以描述我的詞彙，我不再感到孤獨。

疑性戀者／疑情感傾向者(Quoisexual／Quoiromantic, a.k.a. WTFromantic)：
這種身分認同有幾個共通的定義：

- 一個無法分辨自己感受到的吸引力有何種區別之人。例如：「我想我可能在情感上被你吸引？……但也可能只是柏拉圖式的吸引力？……啊，我不知道自己到底是想當你的好朋友還是你的女朋友。」

- 一個不確定自己是否感受到吸引力之人。例如：「這就是在性方面被別人吸引的感覺嗎？也許吧？……或者，也許不是。」

- 一個不認為情感吸引力或性吸引力與自己有關之人。例如：「我不是因為我感受到的吸引力而困惑，我只不覺得性吸引力／性傾向對我具有任何意義。」

以下是我的朋友凱說明其於這種身分認同的感受[116]。

OUR STORY 我們的故事

凱：我的情感傾向一直是個謎

我認為自己是「疑情感傾向者」，因為我的情感傾向對我來說一直是個謎。小時候我很喜歡迪士尼電影裡那些超級甜蜜的愛情故事，然而當我的同儕開始談戀愛的時候，我卻只有滿心困惑，覺得自己被大家遺棄了。我第一次「心動」的對象是一個很受歡迎的男生，其他人早在兩年前就已經迷戀過他了。我決定順應自己的感覺去接近他，因此到了下課時間，我去找他玩。他提議玩間諜遊戲，我覺得很酷，沒想到他派我去調查某個女生是不是喜歡他。奇怪的是，我並沒有因此感到嫉妒或失望，只覺得無聊透頂，所以第二天我就去找別人了。

---

116. 凱（Kai）的Youtube頻道：http://bit.ly/2cxDxWr

　　我這輩子大概心動過五次,但大部分都以相同的方式結束;我和他們沒有發生任何事,到最後我發現自己只是想和他們成為親密的朋友。這讓我不禁好奇:他們真的讓我心動了嗎?抑或只是我太渴望擁有情感關係?

　　我在高中三年級的時候聽說了「無性戀」這個詞彙,我就是從那個時候懷疑自己的情感傾向。我馬上明白自己是無性戀者,但不覺得無情感傾向與我有關。有一段時間,我把這個問題推到一旁,因為這讓我太混亂了。我仍想要建立一段情感關係,然而我不知道自己是否能感受到情感吸引力,或者應該說,我甚至不知道情感吸引力是什麼。我研究無情感傾向光譜上的身分認同之後,找到了「疑情感傾向」這個專有名詞,並發現有很多人認同這種身分。雖然我有時候還是相當困惑,但能接觸到其他具有類似經驗的人,對我而言真的很有幫助。

　　有些無性戀者／無情感傾向者在光譜上會有一個以上的位置,而且還會經歷波動和變化。其中的身分認同包括……

> **性傾向波動者／情感傾向波動者（Aceflux／Aroflux）：**
> 這種傾向最常見的定義有兩種：
> - 具有「持續在無性光譜上波動」的傾向。這種人可能在某一天會覺得自己是半性戀者，另一天又覺得自己完全是無性戀者。
> - 具有「在大量吸引力、一些吸引力和沒有吸引力之間波動」的傾向。

　　這裡到了無性戀和無情感傾向段落的尾聲。在我們繼續前進之前，我想要闡明一點：無性戀者和無情感傾向者也是LGBTQIA+社群的一部分，但他們的代表性不足，而且經常遭到誤解。他們不僅被普羅大眾誤解，也被LGBTQIA+社群誤解。為了證明這個論點，我想請你試著回想自己是否有過以下經驗：

- 在電視節目中看到灰性戀者的角色。
- 在書籍裡讀到具無性戀身分的角色。
- 提出增進無性戀者權益的方法。
- 在教導異性戀朋友關於LGBTQIA+各種身分認同的概括性用語時，提到無性戀者或無情感傾向者。

　　對我們許多人來說，上述問題的答案可能是：

- 「我根本沒看過電視節目中有任何一個灰性戀者角色。」
- 「無性戀身分的角色？不可能存在吧？」
- 「呃，我的無性戀朋友確實曾提過一次。」
- 「……真抱歉。」

　　由於這種令人遺憾的代表性不足，無性戀者和無情感傾向者不斷遭受逆境的打擊，包括：

- 人們質疑他們傾向的正統性。例如：「呃，我認為無性戀是一種選擇⋯⋯，但或許他們只是還沒有找到合適的伴侶。」
- LGBTQIA+族群的成員排斥無性戀者和無情感傾向者。例如：「LGBTQIA+是酷兒的族群⋯⋯，但你只是一個無法建立情感關係的異性戀者。」

- 在這個充滿性與情感的社會中覺得沮喪或不受重視。例如:「快點!勇敢承認吧!你一定也覺得某些人非常性感!這是人性!就像DNA一樣!」
- 矯正療法。例如:「我表弟以前也是無性戀者,直到他開始施打荷爾蒙。你想試試看嗎?或者,你也可以去接受治療?」
- 侵犯式的問題。例如:「所以你從來沒有發生過性行為……,呃,那麼你會自慰嗎?」
- 以淫蕩為恥和/或被指責呆版/過分拘謹等,並且不顧別人。例如:「無情感傾向者」,是指沒有感情但是仍想要發生性行為?你根本就是無情而且沉迷性欲的怪物,只想在不須承諾的前提下「盡情放縱」!
- 在媒體上的代表性嚴重不足。例如:「為什麼無性戀者/無情感傾向者需要代表性?反正他們基本上就是沒有性行為/沒有情感關係的人。」

　　無性戀者和無情感傾向者每天必須面對的挫折顯而易見。在這個社群中,許多人最重要的目標之一,似乎就是讓更多人了解並接受他們的身分認同。換句話說,他們希望獲得承認和理解[117]。我無法代表所有的人,但就我看來,這點小小的要求不算過分。

　　最後,無性戀者和無情感傾向者是存在的,而且他們的身分認同是正統的。LGBTQIA+社群應該開始接納他們,所有的人也應該開始對這種傾向更加了解。因此,我計畫在未來的研究中,將重點聚焦在無性戀者和無情感傾向者身上,這個段落僅先涵蓋這個社群裡比較常見的身分認同。

更多性別與情感認同

　　我們幾乎已經來到這趟探索性與情感多樣性的旅途終點。以下是我們要討論的最後八種身分認同。我將這些專有名詞/傾向放在這裡討論,是因為它們超出這本書其他章節所涵蓋的範圍。就某方面來說,吸引這些身分認同的並非性別。相反的,有些身分認同者比較在乎表達方式或者個性之類的因素。

---

[117]. 如果你想進一步了解,克莉絲汀・羅素(Kristin Russo)的影片http://bit.ly/1O480Ya談到了這個議題,並且提供一些很棒的資訊來介紹無性戀者。

> **酷兒（Queer）**：酷兒是用來描述任何非順性別者和／或非異性戀者的專有名詞。

這是一個非常強大且充滿意義的標籤。因為這個理由，我調查了一下為什麼有些人喜歡使用這個詞彙，有些人卻不喜歡。我把得到的結果列在下一頁的表格中。

使用「酷兒」的原因	不使用「酷兒」的原因
• 對許多LGBTQIA+而言，重新使用「酷兒」一詞是一種賦權的體驗，他們覺得自己掌握了這個詞彙的主權，剷除了它以前的貶損惡意。 • 某些人喜歡這種標籤裡內建的模糊性和／或流動性。 • 某些人純粹喜歡這個詞彙的簡短好用。 • 某些人稱讚「酷兒」是最具包容性的專有名詞之一。他們認為這個詞彙把LGBTQIA+族群統一在一種稱號之下，同時又允許其各自擁有特定標籤的自主權。 •「酷兒」比其他的LGBTQIA+標籤更具政治色彩。有些人喜歡這個詞彙可以暗示其政治與社會目標。	• 對LGBTQIA+族群來說，這個詞彙多年來具有傷害性的詆毀意味。儘管社群裡許多成員近來選擇重新使用它，然而對某些人而言，這個詞彙仍然是可恨的打擊。因為這個緣故，將它當成身分識別會讓他們覺得不自在。 • 某些人或許對「酷兒」這個詞彙沒有意見，但他們意識到它具有觸發不佳感受的力量。他們認為，如果能讓他們避免痛苦的經歷與回憶，把「酷兒」這個詞彙從人生中剔除，只不過是一件輕鬆的小事。 • 某些人覺得「酷兒」是一個非常獨特的專有名詞。由於它被當成LGBTQIA+社群的概括性用語，因此讓不願認同它的人產生疏離。 • 某些人不喜歡「酷兒」這個詞彙，因為它有時具有政治方面的激進暗示。

就我個人而言，我對酷兒這個詞彙有強烈的依戀，因此我歡迎大家以任何藉口來使用它。這主要是因為我曾經有很長一段時間非常害怕這個標籤。這個詞彙具有漫長且傷人的歷史，一開始讓我相當介意，而且我曾有一段時間質疑自己是否有權使用它。我不知道自己參與這個社群的程度是否足夠、出櫃的時間是否夠長，也不知道自己是否夠格當一名「同性戀」。但當我終於擁抱這個標籤時，就如同許多人一樣，我覺得充滿力量，而且得到解放。於是我積極的使用這個詞彙，而且幾乎只使用它。

我甚至習慣在未經別人允許之前，就直接以這個詞彙來形容別人。當我發覺並非每個人都認為這是恰當的稱呼時，我有點抗拒改變。坦白說，即使我已經開始撰寫這本書，我仍經常互換使用「酷兒」和「LGBTQIA+」這兩個詞彙。我知道這對於某些人而言很不舒服，而且會觸發不好的感受，然而我對這個標籤的偏好，使得我很難改掉這種習慣。經過幾個月的深思熟慮，我決定應該讓每個人都覺得安心且得到包容。不再使用「酷兒」來形容別人及整個社群。

不過，我還是會自稱為酷兒，而且無時無刻都會這樣稱呼自己！這是我最喜歡的認同詞彙，它展現出我對性和性別的所有感受。當我使用這個詞彙時，我感受到一種喜悅的驕傲！

互惠（Recip-）：只有在知道某人被你吸引之後，才會被某人吸引。例如：如果你是互惠情感傾向者，當你發現某人迷戀你的時候，你可能也會喜歡對方。

自動（Auto-）：雖然自戀性者／自情感傾向者字面上的意思是「被自己吸引」，但關於這個專有名詞，我找到了幾種解釋，包括：

- 能夠被自己誘發出對自己的性吸引力／情感吸引力。這往往被誤認為是自負或是自戀，然而自性戀者／自情感傾向者對自己的吸引力源於個人深刻的內省和憐愛。有一些自性戀者／自情感傾向者甚至與自己建立起情感關係。

- 不希望與他人發生性行為，但仍享受與自己的親密性關係，意即自慰。這種行為／渴望也可能出現在其他多種身分認同／傾向，並非自性戀者／自情感傾向者專屬。和任何標籤一樣，就算這個專有名詞的描述與你相符，你仍應該只在感覺對了的情況下使用它。

非男非女傾向／非男非女情感傾向（Androgyne-）：被非男非女者吸引之雌雄同體戀者／雌雄同體情感傾向者 [118]。

---

[118]. 如果你在腦中暗忖：「我是不是已經讀過這個了？」我們稍早確實已經在第120頁至第124頁關於性別和表達方式的章節討論過「具有男女兩性之人」（androgyne）和「雌雄同體」（androgynous）這兩個詞彙。然而「非男非女傾向／非男非女情感傾向（androgynesexuality／androgyneromanticism）是一種傾向，而非性別／表達方式。

疑性（Questioning）：疑性之人不確定自己的性傾向／情感傾向或性別認同。他們可能正在探索和尋找自己的身分認同，或者滿足於不知道自己身分認同的情況。一個人可能只有在短時間內處於疑性狀態，也可能一輩子如此[119]。

女性（Woma／gyne-）：女性傾向／女性情感傾向（Womasexuality／Womaromanticism和Gynesexuality／Gyneromanticism）是指被女性和／或女性特質吸引。

- 這個專有名詞最初是為非二元化性別者創造的。許多人喜歡這種標籤，因為它和「女同性戀」或「異性戀」不同，不會讓人對其性別產生誤解。例如：一個主要喜歡女性的雙性別之人，可以認為自己是女性戀者。
- 關於這種傾向，需要注意的重要事項如下：
- Gynesexual通常專指特別受到陰道吸引，雖然這可能不是認同這個詞彙之人的真意，但許多人都認為前綴詞「gyne」與生殖器官具有很強的連結，因此有人批評這個專有名詞排斥跨性別女性。
- 於是出現了Woma這個前綴詞，以提供使用者更具包容性的選項。

男性（Ma／Andro-）：男性傾向／男性情感傾向（Masexuality／Maromanticism和Androsexuality／Androromanticism）是指被男性和／或陽剛的特質吸引。

- 這個專有名詞也是為非二元化性別者創造的。他們認為例如「同性戀」和「異性戀」等單一性別標籤，具有會讓人對其性別產生誤解的不正確訊息。
- 關於這種傾向，需要注意的重要事項如下：
- Androsexual通常專指特別被陰莖吸引。雖然這可能不是認同這個詞彙之人的真意，但許多人都認為前綴詞「andro」與生殖器官具有很強的連結，因此有人批評這個專有名詞排斥跨性別男性。
- 於是出現了「Ma」這個前綴詞，以提供使用者更具包容性的選擇。

---

119. 看，我出版了一本討論性／性別多樣化的書……，我幾乎每天都質疑自己的身分認同。

如果你從來沒有遇過這種身分認同之人，今天是你的幸運日！讓喬許告訴你為什麼「男性戀」是他的性別標籤首選[120]！

OUR STORY 我們的故事

喬許：性別與性傾向的複雜遠比我想像中更微妙

我是喬許，今年二十歲，是一名作家。我也是男性戀者，但這並不表示我也喜歡《星際大戰》裡的機器人C3PO或科幻小說《正子人》裡的機器人NDR-113（不過羅賓‧威廉斯在《變人》裡的演出能讓任何人的心裡充滿溫暖）。身為男性戀者，意味著我喜歡男性。倘若我仍認為自己是男人，那麼我就是個如假包換的同性戀者，只不過這並非最能精確描述我的標籤。對於無性別者、性別流動者或二元化性別以外的任何性別而言，「同性戀」不是十分合適的性別認同，甚至可能充滿限制──就像不合身的針織衫或尺寸太小的制服。

此外，我說我喜歡男性，雖然不是謊言，但也不完全正確，因為真正吸引我的是男性特質，無論對方是男性、女性、非二元化性別或跨性人，也無

---

120. 喬許的Youtube頻道：http://bit.ly/2bWt8C4

論其生殖器官。選擇「男性戀」而非「同性戀」或「男同性戀」，讓我了解並認識性別與性傾向的複雜，而且它們遠比我想像中更微妙——這是我努力不要忘記的事實。

我原本不確定要把「男性戀」和「女性戀」歸類在「單一性別吸引力」或「多元性別吸引力」。這是一項棘手的選擇，因為分類方式取決於個人的吸引力範圍有多寬廣。例如，如果某人是男性戀而且只喜歡男生，他們可能會認為自己屬於單一性別吸引力。然而，如果某人是男性戀而且被陽剛特質吸引，這就可能屬於多元性別吸引力，因為他們可以被具有陽剛特質的男性、女性、非二元化性別或任何男性化之人吸引。

但是，最後的一切都必須取決於認同這個標籤之人覺得自己屬於哪一種類別（如果有的話）。

同性喜好者（Same Gender Loving）／SGL： 此種身分是指LGBTQIA+的黑人。這種身分創造於一九九〇年代，用意在深入並且肯定LGBTGIA+社群中的黑人文化、歷史與存在。

以下是馬奎斯說明他為什麼認定自己是「同性喜好者」。

OUR STORY 我們的故事

馬奎斯：我為什麼認定自己是「同性愛好者」

雖然我通常認為自己是男同性戀者，但我很喜歡「同性喜好者」這個概括性用語。我們太常把這個社群的敘述焦點集中在同性戀者身上，沒有考慮那些不是同性戀的人（例如雙性戀者、泛性戀者、無性戀者等）。因此，我比較喜歡使用酷兒和同性喜好者這一類概括性用語，這些詞彙比較具有包容性。我也知道有人之所以選擇使用同性愛好者來描述自己，是因為「同性戀」一詞會讓更弱勢的身分認同邊緣化，「同性愛好者」讓他們覺得比較自在，這點我完全可以理解。

對我而言，身為「同性愛好者」是一種既有趣又複雜的體驗。我不能無視我的同性戀傾向，但我也必須考量這種身分認同如何與我身為黑人男性的事實產生多元交織性。傳統的信念是我們必須同時戴上多頂帽子，但我覺得應該是只戴上一頂獨特的帽子。

我倡議黑人同胞的解放與賦權，但在過程中，我也必須確保我的同性愛好者身分能得到尊重與考量。

這讓我在酷兒／LGBTQIA+空間裡的活動變得複雜，因為在這種空間裡最常見的論述與體驗，主要著重於順性別的白人（尤其是男性）。這就是所謂的「預設立場」。因此，除了確保我身為同性戀者的自主權在黑人空間裡得到尊重並獲得保障之外，我還必須在同性愛好者的空間中得到相同的肯定（但不幸的是，情況往往沒這麼順利）。

我的個人目標是把注意力集中在黑人、同性戀和跨性別者的經歷上，因為那是我覺得最有安全感、最自在也最被賦予力量的領域。

請給自己一點鼓勵，因為目前為止你已經吸收非常大量的資訊。明確來說，是八十種不同的自我認同！我知道這已經有點資訊載量過重，讓人無法招架，所以我們先暫時停止學習，休息一會兒並進行一些反思。

我們來看看目前已經涵蓋哪些內容，並且將其應用在自我分析上。問問你自己，目前為止有沒有哪些詞彙令你訝異？

有沒有哪個詞彙讓你躍躍欲試？有沒有哪個詞彙你已明確知悉自己不適用？倘若你還處於自我摸索階段，我鼓勵你拿出一支筆，回答下列的問題：

- 你的性吸引力和情感吸引力是否完全吻合？
- 你覺得哪些性別對你具有吸引力（如果有的話）？
- 你被吸引的強度有多強？
- 你的吸引力多久變化一次？變化的強度如何？
- 你目前是否懷疑自己的性傾向？
- 在我們涵蓋的內容中，有沒有你覺得可能與你的性傾向相符的詞彙？

結論

　　說實話，我很怕寫這篇結論。我之所以害怕，是因為結論意味著這本書的故事、寫作、研究、重寫、編輯、重寫、事實檢查以及更多書寫已經畫上句點。現在是二〇一六年八月二十八日晚上十一點四十二分，我準備將最後的稿子交給編輯，這讓我覺得非常害怕。目前的內容還談不上完美，但我只能調整呼吸，接受它永遠不可能完美。我們對於性傾向和性別認同的語言及理解，變化得太過頻繁且快速，以致這本書所執行的任務永遠不可能完全「正確無誤」。

　　然而這不是最糟糕的問題。事實上，這樣很棒！這表示人們會不斷創造新的詞彙去看待並認同別人。一旦這些性別認同的詞彙被創造出來，與其相關且用來解釋它們的語言也將會被反覆修正和調整，讓這些表達方式得以維持包容性和舒適性。我們應該慶祝這一點！雖然了解性別與性傾向的多元化可能是永無止境的冒險，至少我們已經在進步了，這很令人興奮。

　　我一位出色的編輯克莉絲汀・羅素讀了上述的結論之後，要我回答下面這個深具挑戰性的問題：假如世事不停變化，為什麼我還要寫書？我猜許多讀者可能也想提出同樣的問題，因此我認為把這件事說清楚非常重要。沒錯，這本書在幾年之後也許就會過時或變得無關緊要，但倘若它的內容在某個時間點能提供任何人有用的教育資訊，或者給予任何人所需的自我認同，那麼對我來說，這一切的辛苦就值得了。

　　我希望這本書能夠引起大家討論。或許有人不同意我對某些專有名詞的解釋，並找到更好的說明方式。如此一來，大家就可以對這些專有名詞進行更深入的分析與討論，進而得到更棒、更具包容性的定義。我很樂意這本書充當墊腳石，好讓更多性別認同的詞彙得到最佳的解釋。

　　最後，既然你已經消化了大量資訊，我們來談談可以利用這些資訊做些什麼。簡短的答案是——盡量發揮。我還記得自己第一次聽見這些專有名詞時的感受，雖然我想誇口說每一個字對我而言都很容易理解和記憶，並且在日常對話中運用，但如果我真的這麼說，那就是我在說謊。在我學習這些專有名詞的過程中，我曾經歷過無數次的混淆錯亂。有時候，人們需要花上幾個星期、幾個月甚至幾年的時間，才能完全掌握這些標籤和概念之中的某些意涵。

如果這是你現在的感受（不知所措、困惑、害怕自己可能會忘記或搞混），或者你曾經有過這種感覺，都是可以理解的。沒有哪個正常人會期待你一聽見這些專有名詞就能立即融會貫通，並且變成完美的盟友或LGBTQIA+社群的一員。事實上，你一定會犯一些錯誤，因為這是無可避免的。但重要的是，你可以從自己的錯誤中吸取教訓，在犯錯時道歉，並且繼續積極傾聽與自我教育。任何人都可以公平的要求你做到這一點。

感謝你們願意花時間閱讀這本書，並拓展你們的觀點。我發現要收尾真的很困難，所以為了與大家道別，我想還是依照平常在Youtube影片結束時的方式吧……

特別感謝以下幫忙校閱，並且為特定章節提供意見的睿智之士：

・Lindsey Doe, https://www.youtube.com/user/sexplanations

・Ashley Wylde, https://www.youtube.com/user/AshleysWyldeLife

・Moti Lieberman, https://www.youtube.com/user/thelingspace

・Josh, https://www.youtube.com/c/themadhouseofficial

・Douglas, https://twitter.com/book13worm

・Emily Miller，我最好的朋友

未來我會繼續研究下列專有名詞

- 後現代性別（Pomosexual）
- 跨性別（Trans*）
- 星座（Constellation）
- 開放式婚姻（Polyamory）
- 類似單一伴侶關係（Monogamish）
- 柏拉圖式吸引力（Plantonic attraction）
- 審美吸引力（Aesthetic attraction）
- 另類的吸引力（Alterous Attraction）
- 感官吸引力（Sensual Attraction）
- 柏拉圖式迷戀（Squish）
- 強烈的情誼（Zucchini）
- 酷兒的柏拉圖式關係（QPR／queer platonic relationship）
- 非單一伴侶關係（Non-Monogamy）
- 既想要又不想要性關係／情感關係的人（Cupiosexual／romantic）
- 不談情（"No Romo"）
- 情感的假設（Amatonormativity）
- 性欲（Libido）
- 以健康的心態看待性（Sex Positivity）
- 女同性戀（Stone）
- 隔衣做愛（Paper）
- 自慰的痕跡（Paper Mache）
- 只幻想，不做愛（Autochoriasexual）
- 性欲消失者（Akoisexual／romantic）
- 喜歡女性的女性（Sapphic）
- 喜歡男性的男性（Achillean）
- 以更強化的方式表現性別（"Of center"）
- 無性戀的各種身分（Ace of Hearts, Spades, Clubs, Diamonds）
- 非順性別者的情感關係（Enbian）

延伸閱讀

- *Trans Bodies, Trans Selves : A Resource for the Transgender Community*（暫譯：《跨性別的身體，跨性別的自己》），Laura Erickson-Schroth 著

- *Whipping Girl*（暫譯：《變性女子》），Julia Serano 著

- *Excluded: Making Feminist and Queer Movements More Inclusive*（暫譯：《摒除在外：讓女性主義者與酷兒運動更有包容力》），Julia Serano 著

- *The Gender Book*（暫譯：《性別書》），Mel Reiff、Jay Mays 合著

- *This Is a Book for Parents of Gay Kids*（暫譯：《致同性戀孩童的父母：日常生活指南》），Dannielle Owens-Reid、Kristin Russo 合著

- *Gender Outlaws: The Next Generation*（暫譯：《性別的不法之徒：下一個世代》），Kate Bornstein、S. Bear Bergman 合著

- *Transgender 101: A Simple Guide to a Complex Issue*（暫譯：《跨性者的基礎課》），Nicholas M Teich 著

- *Anything that Loves*（暫譯：《所有的愛》），Charles "Zan" Christensen、Carol Queen PhD 合著

- 《歡樂之家／我和母親之間》（*Fun Home*），艾莉森・貝克德爾（Alison Bechdel）著，臺北：臉譜出版社，2018年

- *Tomboy*，Liz Prince 著

- *PoMoSexuals : Challenging Assumptions About Gender and Sexuality*（暫譯：多性戀：挑戰對性別和性行為的假設），Carol Queen、Lawrence Schimel合著

- *An Introduction to Asexuality*（暫譯：《隱形的性傾向：無性傾向導論》），Julie Sondra Decker 著

- *Ace & Proud: An Asexual Anthology*（暫譯：《我是無性戀，我驕傲：無性戀文選》）：A.K. Andrews 著

- *Sex or Ice Cream?: Secrets of an Asexual; Asexuality in a Sexed Up World – A Thought-Provoking and Comically Quirky Memoir*（暫譯：《性愛或者冰淇淋？：無性戀者的祕密；性欲世界中的無性戀 —— 引人深思且詼諧的古怪回憶錄》），Ana Navarro 著

- *Lumberjanes*（暫譯：《粗壯的女孩》），Noelle Stevenson、Shannon Watters 合著

- *Queer Theory，Gender Theory*（暫譯：《酷兒理論，性別理論》），Riki Wilchins 著

- *My New Gender Workbook: A Step-by-step Guide to Achieving World Peace Through Gender Anarchy and Sex Positivity*（暫譯：《我的新性別手冊：逐步透過性別混亂和性別確認來實現世界和平》），Kate Bornstein 著

- *Queer Theory: An Introduction*（暫譯：《酷兒導論》），Annamarie Jagose 著

- *Gender Failure*（暫譯：《性別失敗》），埃文·凱歐特（Ivan Coyote）與瑞·史普恩（Rae Spoon）合著

- *Gender Born，Gender Made: Raising Healthy Gender-Nonconforming Children*（暫譯：《先天性別，後天性別》），Diane Ehrensaft 著

- *Asexuality: A Brief Introduction*（暫譯：《無性傾向導論》），無性戀檔案室（Asexual Archives）著

- *The Letter Q*（暫譯：《字母Q》），Sarah Moon、James Lecesne 合著

- *Gender Trouble: Feminism and the Subversion of Identity*（暫譯：《性別問題：女性主義與顛覆性別認同》），Judith Butler 著

索 引

Abrosexual／romantic 變化性戀者／變化情感傾向：20，159
Ace 無性戀：20，31-36，135-136，162-163
Ace／aroflux 性傾向波動者／情感傾向波動者：20，171
Agender／genderless 無性別者／沒有性別之人：20，44，119，125-126
Androgyne 具有男女兩性之人：21，122
Androgynesexual／romantic 雌雄同體戀者／雌雄同體情感傾向：21，174
Androgynous 雌雄同體：21，120-122，174
Aporagender 非男非女：21，108-109
Aro 無：21，164
Aromantic 無情感傾向者：21，164
Asexual 無性戀者：21，31-36，135-136，162-163
Autosexual／romantic 自性戀者／自情感傾向者：21，174
Bi-curious 好奇型雙性戀者：21，152
Bigender 雙性者：21，104-105
Bisexual／romantic: 雙性戀者／雙性別情感傾向者：22，148-150
CAFAB／CAMAB 出生時被強制指定為女性／出生時被強制指定為男性：22，103
Cisgender／Cis 順性別者：22，69，72-75，88，92
Demigender 半性別：22，106-107
Demisexual／romantic 半性戀者／半情感傾向：22，167
DFAB／AFAB／FAAB 出生時被指定為女性：22，102
Diamoric 刻意彈性：22，156-157
DMAB／AMAB／MAAB 出生時被指定為男性：22，102
Enby 非二元化性別者：22，101，113，119
Female to Female／FTF 從女性變女性者：23，102
Fluid 流動：23，158
-flexible 靈活：23，152-153
-flux 波動：23，160

FTM 從女性變男性者：23，100

Gay 同性戀：23，145

Gender confusion／Gender f*ck 性別混亂者：23，114-116

Gender dysphoria 性別焦慮：23，77，94-96，127-128

Gender euphoria 性別陶醉：23，96

Gender indifference 性別冷淡：24，129

Gender neutral 性別中立：24，80，84，110

Gender nonconforming／Gender diverse／Gender variant／Gender-expansive 性別不符常規／性別多樣化／性別變異／性別延展：24，113

Genderfluid 性別流動者：24，85，116

Genderflux 性別波動者：24，118-120

Genderqueer 性別酷兒：24，113，119

Graysexual／romantic 灰性戀者／灰色情感傾向者：24，32-36，166

Graygender 灰色性別：24，130

Heterosexual／romantic a.k.a. Straight 異性戀／異性情感傾向者：24，145

Homosexual／romantic 同性戀／同性情感傾向者：24，145

IAFAB／IAMAB a.k.a. FAFAB／FAMAB 出生時被指定為女性／男性之人：24，104

Intergender 雙性別：25，129

Intersex 雙性人：25，55-60，104

Lesbian 女同性戀：25，145

Male to Male／MTM 從男性變男性者：25，100

Man 男性：25，92，100

Masexuality／romanticism a.k.a. Androsexuality／romanticism 男性傾向／男性情感傾向：25，175

Maverique 特異獨行者：25，108-109，111

Maxigender 極大性別者：25，106

Monosexuality／romanticism 單性傾向／單一性別情感傾向：25，144

MTF 從男性變女性者：26，101

Multigender／Polygender 多元性別者：26，105

Multisexuality／romanticism a.k.a. Non-monosexuality／romanticism 多性傾向／多性別情感傾向，亦稱為非單性戀／非單一性別情感傾向：26，148，162

Neutrois 中性者：26，127-128

Nomasexual／romantic 非男性戀者／非男性情感傾向者：26，153

Non-binary／nb 非二元化性別：26，111-114

Novosexual／romantic 新性戀者／新情感傾向者：26，42-43，160

Nowomasexual／romantic 非女性戀者／非女性情感傾向者：26，153

Pan／Omnigender 泛性別／全性別：26，105

Pansexual／romantic a.k.a. Omnisexual／romantic 泛性戀者／泛性別情感傾向者，亦被稱為全性戀者／全性別情感傾向者：26，140，148-151

Polysexual／romantic 多性戀者／多性別情感傾向者：27，152

Queer 酷兒：27，150-151，173-174

Questioning 疑性：27，175

Quoisexual／romantic a.k.a. WTFromantic 疑性戀者／疑情感傾向者：27，169-170

Recipsexuality／romanticism 互惠式性傾向／互惠式情感傾向：27，174

Same gender loving／SGL：同性愛好者：27，177-178

Skoliosexual／romantic a.k.a. ceterosexual／romantic 超性戀者／超性別情感傾向者，也被稱為非二元化性戀者／非二元化性別情感傾向者：28，153，156-157

-spike 劇動：28，160

Trans man 跨性別男性：28，100

Trans woman 跨性別女性：28，101

Transfeminine 跨女性：28，101

Transgender／Trans 跨性別：28，95-101

Transmasculine 跨男性：29，100

Transsexual 變性人：18，29，102

Trigender 三性人：29，105
Trisexual／romantic 三性戀者／三性別情感傾向者：29，152
Trysexual／romantic 試性戀者／試性別情感傾向者：29，152
Woman 女性：29，92
Womasexuality／romanticism a.k.a. gynesexuality／romanticism 女性傾向／女性情感傾向：29，175
Zedsexual／romantic，a.k.a. allosexual／romantic 有性戀者／有情感傾向者：29，31-36，165

附錄　台灣相關友善資源

- **台灣同志諮詢熱線協會** https://hotline.org.tw/
  提供諮詢熱線02-2392-1970（每週一四五六日，晚間七點至十點提供「同志諮詢」；每週二晚上六點到九點、週四下午兩點到五點提供「同志父母諮詢專線」）

- **台灣性別平等教育協會** https://www.tgeea.org.tw/
  提供學生、師長性平教育資源

- **台灣青少年性別文教會** https://www.facebook.com/Tasbravo
  提供青少年性別友善資源

- **彩虹平權大平台** http://equallove.tw/
  提供同婚知識，爭取LGBT+社群權益

- **台灣同志家庭權益促進會** https://www.lgbtfamily.org.tw/
  為同志家庭提供支援、推廣政策

- **同光同志長老教會** https://www.tkchurch.org/
  同志友善教會

- **性別不明關懷協會** http://www.istscare.org
  關懷變性、跨性別者的支持團體

- **台灣基地協會** https://www.gdi.org.tw/
  提供LGBT+及其家人諮詢及友善資源

- **教育部性別平等教育全球資訊網** https://www.gender.edu.tw/web/index.php/home/index
  由行政院教育部設立，提供性平教材、師資人才庫

The ABC's of LGBT+　性別是彩虹色的嗎？

39位多元性別者的認同歷程、112個LGBTQIA+關鍵字、探索性別光譜，認識性少數、性別多樣化，給青少年的最友善性別教育讀本

作　　者	艾胥莉・馬岱爾（Ashley Mardell）
譯　　者	李斯毅
審　　定	楊幸真
封面設計	黃伍陸
內頁編排	翁秋燕
校　　對	李鳳珠
責任編輯	汪郁潔
國際版權	吳玲緯
行　　銷	巫維珍　何維民　蘇莞婷　林圃君
業　　務	李再星　陳紫晴　陳美燕　葉晉源
副總編輯	巫維珍
編輯總監	劉麗真
總 經 理	陳逸瑛
發 行 人	涂玉雲
出　　版	小麥田出版

10483 台北市中山區民生東路二段141號5樓
電話：(02)2500-7696
傳真：(02)2500-1967

發　　行　英屬蓋曼群島商家庭傳媒股份有限公司
　　　　　城邦分公司
10483 台北市中山區民生東路二段141號11樓
網址：http://www.cite.com.tw
客服專線：(02)2500-7718 ｜ 2500-7719
24小時傳真專線：(02)2500-1990 ｜ 2500-1991
服務時間：週一至週五 09:30-12:00 ｜ 13:30-17:00
劃撥帳號：19863813　戶名：書虫股份有限公司
讀者服務信箱：service@readingclub.com.tw

香港發行所　城邦（香港）出版集團有限公司
香港灣仔駱克道193號東超商業中心1樓
電話：+852-2508-6231
傳真：+852-2578 9337

馬新發行所　城邦（馬新）出版集團【Cite(M) Sdn. Bhd. (458372U)】
41-3, Jalan Radin Anum, Bandar Baru Sri Petaling,
57000 Kuala Lumpur, Malaysia.
電話：+6(03) 9056-3833
傳真：+6(03) 9057-6622
讀者服務信箱：services@cite.my

麥田部落格　http:// ryefield.pixnet.net
印　　刷　漾格科技股份有限公司
初　　版　2020年10月
售　　價　399元

版權所有 翻印必究
ISBN 978-957-8544-44-4
Printed in Taiwan.
本書若有缺頁、破損、裝訂錯誤，請寄回更換。

The ABC's of LGBT+
Text by Ashley Mardell
Illustraions by August Osterloh
Copyright © 2016 Ashly Mardell
All rights reserved.
First print in English by Mando Media Inc.
Complex Chinese translation © 2020 by Rye Field Publications, a division of Cite Publishing Ltd.
Published by arrangement with Mango Media Inc. through LEE's Literary Agency

國家圖書館出版品預行編目 (CIP) 資料

性別是彩虹色的嗎？: 39位多元性別者的認同歷程、112個LGBTQIA+關鍵字、探索性別光譜，認識性少數、性別多樣化，給青少年的最友善性別教育讀本 / 艾胥莉．馬岱爾 (Ashley Mardell) 作; 李斯毅譯. -- 初版. -- 臺北市 : 小麥田出版 : 家庭傳媒城邦分公司發行, 2020.10
　面；　公分. -- (小麥田不歸類；6)
譯自：The ABC's of LGBT+
ISBN 978-957-8544-44-4 (平裝)

1. 性別認同 2. 性別角色 3. 性教育

544.75　　　　　　　　　109012870

城邦讀書花園
書店網址：www.cite.com.tw